katakrak
liburuak

¿QUIÉN TIENE DERECHO AL MONUMENTO?

Daniel Palacios González
José María Durán Medraño

Prólogo: Vijay Prashad

¿QUIÉN TIENE DERECHO AL MONUMENTO?

Daniel Palacios González
José María Durán Medraño

Prólogo: Vijay Prashad

katakrak
liburuak

Título original: *¿Quién tiene derecho al monumento?*
Autoría: Daniel Palacios González, José María Durán Medraño
Prólogo: Vijay Prashad
Primera edición: junio de 2025
Diseño de portada: Koldo Atxaga Arnedo
Edición y maquetación: Katakrak Liburuak
                                  Calle Mayor 54-56
                                  31001 Iruñea-Pamplona
                                  editorial@katakrak.net
                                  www.katakrak.net
                                  @katakrak54

ISBN: 978-84-10316-13-3
Depósito legal: NA 1342-2025
Impresión: Gráficas Alzate

ÍNDICE

Prólogo

Tras la expulsión de los británicos de la India, el gobierno de Delhi, capital del país, tuvo que decidir qué hacer con el gran número de monumentos coloniales británicos que decoraban las calles y edificios de la ciudad. Había varias estatuas de reyes y reinas británicos, así como de funcionarios coloniales que habían gobernado la India. Eran figuras enormes, hombres y mujeres británicos con pose clásica de conquistadores para la posteridad. Inmediatamente después de la independencia, los funcionarios de India no se apresuraron a retirar las estatuas ni a cambiar los nombres de las calles. Cuando el presidente estadounidense Dwight D. Eisenhower visitó Delhi en 1959, vio muchas de estas estatuas y escribió: «No pude evitar preguntarme si en nuestros primeros días de independencia habríamos tolerado entre nosotros una estatua del rey George III». Las cosas avanzaron lentamente. En las décadas de 1950 y 1960, varios nacionalistas indios —socialistas y comunistas en su mayoría— plantearon la cuestión de las estatuas, en particular la del rey George V, que ocupaba el centro de los edificios gubernamentales de Delhi desde 1936.

En 1965, miembros del Partido Socialista Samyukta destrozaron partes de la cara de la estatua, arrojaron alquitrán y dejaron a la vista un retrato de Netaji Subhas Chandra Bose en el monumento. Finalmente, en 1968, se retiró y colocó en un almacén junto con otras cincuenta estatuas importantes. Con el tiempo, el gobierno trasladó a la mayoría de ellas al Parque de la Coronación, a veinte kilómetros del Parlamento, al norte de Delhi. El Parque de la Coronación había sido construido por los británicos en 1877 para celebrar la proclamación de la reina Victoria como emperatriz de la India. Posteriormente fue el lugar de conmemoración de la coronación del rey Eduard VII (1903) y del rey George V (1911). Y allí se abandonaron las estatuas, donde permanecen hoy.

En 1969, cuando se trasladó la estatua del rey George V en Delhi, se produjo un incidente en Calcuta que ilustra la complejidad de los monumentos. Los consulados estadounidense y británico se encontraban a ambos lados de la ciudad, en la calle Harington, que debe su nombre a un administrador colonial británico, John Herbert Harington (1765-1828). Lo cierto es que Harington no fue el peor de los administradores, ya que fue presidente de la Sociedad Asiática y editor de los poemas de Saadi Shirazi (1210-1292) en una edición árabe-persa. No obstante, el gobierno de alianza dirigido por el Congreso de Bangla —y apoyado por los comunistas— cambió el nombre de la calle por el de Ho Chi Minh Sarani (1890-1969) y erigió una estatua en su nombre a la entrada de la vía. Esta estatua en honor a Ho Chi Minh, fallecido en septiembre de 1969, fue principalmente un mensaje dirigido a Estados Unidos y Gran Bretaña a través de la que se daba a entender que el pueblo de Bengala no apoyaba su terrible guerra contra el pueblo vietnamita. Toda la correspondencia de los consulados estadounidense y británico tendría que indicar que procedía de la calle Ho Chi Minh Sarani. Esta fue una pequeña victoria, parte de una lucha más grande.

Los monumentos desempeñan un papel importante en la conciencia social. Pasamos junto a ellos, nos olvidamos de ellos, les echamos un vistazo, construimos nuestro sentido del ser con ellos y a través de ellos. No son inocuos. No son totalmente invisibles. Existen y construimos nuestra identidad nacional a través de los mismos. Los monumentos a las atrocidades del pasado no deberían borrarse del todo porque entonces se borraría esa fea historia; aunque esas historias no deben celebrarse. Un parque lejano, un cementerio de estatuas como el de Delhi, es adecuado, pero también lo es un almacén-museo para guardar el pasado en una especie de prisión de la imaginación.

No hay respuestas correctas o incorrectas sobre cómo conmemorar el pasado. Sólo existe el debate. Este libro ¿Quién tiene derecho al monumento?, de Daniel Palacios González y José María Durán Medraño, capta la esencia del debate sobre monumentos y contramonumentos, el pasado horrible y el pasado impugnado. Este es un libro sobre las complejidades de la historiografía tanto como sobre las disputas en la sociedad acerca de su propia orientación hacia el pasado y el entorno construido.

Ninguna ciudad puede prescindir de su historia. No puede borrar el pasado. Pero, ¿cómo se pone de acuerdo una población que discrepa sobre su historia para construir un paisaje que plasme ese desacuerdo?

Vijay Prashad
Santiago de Chile, abril de 2025

INTRODUCCIÓN

El príncipe feliz, publicado por Oscar Wilde en 1888, es quizás la fábula infantil más divulgada en la literatura europea acerca del destino de un monumento decimonónico. El relato nos traslada a una ciudad de la que nada sabemos, en la que una golondrina se retrasa en su migración hacia Egipto para pasar el invierno. Esta situación la lleva a toparse con un particular monumento, el del «Príncipe Feliz», del que tampoco nada sabemos, más que se le había dedicado un monumento cubierto de oro y joyas. El monumento alberga la conciencia del Príncipe que, desde lo alto de su pedestal, observa la miseria de su ciudad. La estatua llora. Wilde nos cuenta cómo la visión de la miseria, del dolor, hace que el Príncipe, consciente en el monumento, convenza a la golondrina migrante de ir desmontando los ornamentos que cubren su cuerpo para, en un acto de caridad, repartir parte de sus riquezas entre el pueblo sufriente que camina a los pies de su memoria. De esta manera, el abuso del Príncipe supera su propia muerte, y es, a través de su voz consciente en el monumento, que logra convencer a la golondrina de dar su vida por la labor filantrópica del perpetrador, quien desde su pedestal ordena desmontar el recuerdo positivo hacia su persona haciendo uso de la golondrina, hasta convertir la bella estatua en una suerte de contramonumento carente de belleza. Resignificando el monumento, el Príncipe limpia así su conciencia y, redimido, es llevado al cielo de la mano de un ángel, en compañía de la golondrina inmolada al pie de la estatua, para la salvación de la conciencia del tirano.

Este destino trágico nos enseña que las clases dirigentes siempre han inventado nuevas maneras de limpiar su culpa, ofreciendo limosna y logrando que, con la complicidad de algún subalterno, se resignifique el espacio público para que nada cambie en la estructura económica que lo sustenta. El relato no nos deja conocer cuál fue la violencia que permitió al Príncipe y sus antecesores acumular el capital necesario para construir tal monumento, pero se explicita cuando la conciencia del Príncipe se ve afectada por la culpa. Pues, al fin y al cabo, podemos inferir que las riquezas acumuladas por el Príncipe no sólo estaban en su estatua, después deconstruida, sino también en las fábricas, los campos, los puertos, en las casas de contratación a las que llegaban las riquezas de sus colonias; en definitiva, surgían del trabajo remunerado y no remunerado arrebatado a todas las personas súbditas. Algo que recuerda a la fábula infantil que la artista Daniela Ortiz escribe e ilustra, y que enlaza con la de Wilde: el Príncipe es blanco.[1] Se trata de un gobernante que bajo las premisas de la caridad, el progreso, el desarrollo, la civilización y la prosperidad acumuló su capital a través de la desposesión, el extractivismo y la explotación. Su legado sigue presente. Se refleja en la imagen tanto de su monumento feliz como en la de su contramonumento filantrópico.

Hay que prestar atención a ese componente fundamental que sostiene el monumento —y no es su pedestal—. En Londres, en el marco de la campaña Geffrye Must Fall [Geffrye debe caer] contra la

---

1   Daniela Ortiz, *El príncipe blanco y la resistencia del pueblo cercano*, Madrid, La Parcería, 2021.

estatua del esclavócrata recordado como filántropo Robert Geffrye, promovida por Stand Up to Racism y Caribbean Labour Solidarity, Steve Cushion ha recuperado la historia del personaje y de dónde proviene la acumulación de los capitales que le permitió tener un lugar en el espacio público. El conflicto en torno a la retirada del monumento permitió abrir la puerta al debate acerca de las reparaciones, crucial para considerar el trabajo realizado para Geffrye como trabajo robado. La cuestión del monumento se transformó en una crítica estructural al sistema capitalista e incluso, como señalaban los promotores de la campaña, en una cuestión sindical.[2] De hecho, los monumentos, en tanto que materialización de la ideología dominante, tienen su razón de ser en la estructura económica. No reconocer este hecho significa estar ciego frente a las determinaciones materiales. El orden colonial y capitalista sigue vigente; como sigue vigente también en España el conglomerado económico y la oligarquía estatal que sustentaron la dictadura de Franco, cuya cruzada utilizó el ejército colonial para liberar al pueblo de las influencias del marxismo y del anarquismo, y

---

2   Steve Cushion, *Sir Robert Geffrye and the Business of Slavery. Why the Museum of the Home must remove the statue of Robert Geffrye and make reparations*, Hackney Stand Up To Racism - Caribbean Labour Solidarity, Londres, Bookmarks, 2022.

establecer un Estado español nacionalcatólico. No puede ser más pertinente en un Estado en el que el clero, los terratenientes y la burguesía pusieron en marcha el ejército colonial para aplastar en la península la revolución de 1934 y detener la reforma en 1936. Este tipo de experiencias de violencia fascista en el interior de Europa no fueron sino la reproducción en el continente de la violencia colonial históricamente ejercida por el Estado y el capital hacia los pueblos colonizados, lo que establece una conexión fundamental entre la memoria del fascismo y la del colonialismo; pero también, por lo tanto, entre el antirracismo y el anticapitalismo.[3] Por ello, el argumento es válido desde una perspectiva interseccional. Difícilmente la sociedad permitiría la pervivencia de semejante vestigio de un pasado envuelto en explotación y represión si no fuera por la pervivencia del orden económico que lo sustenta.

Un orden económico que, mientras pone en marcha sus estructuras ideológicas para la preservación en el espacio público de sus próceres, imposibilita por

---

3   Fue el gran Aimé Césaire quien en el *Discurso sobre el colonialismo* sostuvo que la violencia fascista en Europa no es más que la continuación de la violencia colonial ejercida contra negros y culís. Cf. Arun Kundnani, *Qué es el antirracismo y por qué significa anticapitalismo*, Pamplona, Katakrak, 2024.

la desposesión a la que somete a las clases trabaja-doras, a las mujeres, a las personas racializadas, a que tengan representación de ese tipo. Así, cuando en situaciones revolucionarias esos colectivos se han hecho con el Estado, los medios de producción, y han logrado construirse sus propios monumentos en diferentes partes del mundo, sus construcciones tienden a tildarse de obsoletas, anacronismos de mal gusto, testimonios de totalitarismo o autoritaris-mo. Y cuando, en el marco de contrarrevoluciones, invasiones imperialistas, golpes de Estado, las situa-ciones revolucionarias y la soberanía de los pueblos se revierten implementando gobiernos autoritarios títeres y políticas de ajuste, ahí no hay duda: los mo-numentos pueden ser bombardeados, derribados, destruidos sin ningún tipo de debate acerca de la pretendida necesidad universal de conservación. Lo vimos ayer en Ghana o Yugoslavia. Lo vemos hoy en Palestina o Ucrania. Ni la OTAN, ni la CIA, ni las fuerzas de ocupación israelíes consideran que los monumentos revolucionarios de los pueblos a los que someten deban ser conservados o resignifica-dos. Las razones de Occidente son mortíferas, pero también tremendamente cínicas.

Debemos ser conscientes, por tanto, de que los marcos ideológicos del capitalismo, del colonialismo, del patriarcado y del fascismo, se materializan en el interés por mantener la hegemonía cultural que se erige sobre sus sistemas económicos de explotación en el pretendido consenso liberal democrático. En relación con las teorías y debates sobre monumentos, ello genera una discusión totalmente ideologizada, en la que la escasez de teorías radicales sobre las prácticas de construcción, conservación y destrucción de monumentos permitiría, en medio de la confusión, que los discursos fuesen capturados por perspectivas progresistas y conservadoras reaccionarias. Estas perspectivas convergen, paradójicamente, en la necesidad de preservar los monumentos del fascismo y colonialismo como evidencia histórica, aunque éstos representen y legitimen, aún hoy, la explotación racial, de género y de clase. Una perspectiva materialista a este respecto es esencial para evitar que los movimientos sociales desarrollen prácticas que se alineen con los intereses de quienes se dedican a transformar el ornamento urbano pero no la base del sistema social que refleja, como lo representa el trágico destino de la golondrina en el relato de Wilde. Al fin y al cabo, pese a que el lector o la lectora distraída piense que aquella es una fábula sobre la necesidad de compartir y tener buen corazón, Wilde nos recuerda al final del relato que nada cambió en el régimen del ficticio país tras el gesto filantrópico. Con el desmontaje de la estatua, las élites locales comienzan a discutir acerca de la necesidad de construirse a sí mismas un nuevo monumento. Si Wilde hubiera escrito el relato un siglo más tarde, seguramente el alcalde hubiera propuesto construir un contramonumento «democrático» a las víctimas del Príncipe. Pues, al fin y al cabo, el contramonumento no altera la estructura, sino que oculta, limpia conciencias y mantiene las relaciones de dominación como veremos en las páginas siguientes.

Estas cuestiones son el objeto de este ensayo, en el que intentamos presentar un abanico de teorías y experiencias para dilucidar la propia idea de monumento y sus diferentes expresiones sociales. De este modo, lejos de empeñarnos en una erudición puramente académica, apostamos por situar el debate en los conflictos sociales que afectan a nuestra vida cotidiana y, así, mediante la reflexión teórica, habilitar la posibilidad de una actuación consciente a la hora de abordar en el futuro las prácticas asociadas a los monumentos. Entendemos que frente a las definiciones que buscan dar un sentido al monumento en su etimología o en formas semejantes en la antigüedad —como si fuese algo eterno e inalterable, intrínseco a la cultura humana— por el contrario, los monumentos son el resultado de prácticas sociales de construcción o conservación de artefactos materiales a través de los cuales se manifiesta la ideología de sus promotores.[4] Enfatizaremos que el concepto moderno de monumento surgió en un contexto de acumulación de capitales, de colonialismo, de división del trabajo en base al género que se expandió desde el siglo XV de la mano del clero, la burguesía y los Estados nación. Es sólo entonces cuando surge la idea de monumento con la que la sociedad actual se identifica, y es entonces cuando las clases dirigentes empezaron a construir y conservar lo que se denominó monumentos. Señalaremos cómo estas prácticas proliferaron significativamente en el siglo XIX, creando los marcos ideológicos para su construcción y conservación como un deber humanista universal. También abordaremos cómo durante el siglo

4   José María Durán Medraño, *Iconoclasia, historia del arte y lucha de clases. Sobre las relaciones entre economía, cultura e ideología,* Madrid, Fundación Arte y Derecho – Trama, 2009, y Daniel Palacios González, Monument. En: Saloul, I., Baillie, B. (eds) *The Palgrave Encyclopedia of Cultural Heritage and Conflict,* Palgrave Macmillan, Cham, 2024.

XX se ha ido dando una deriva hacia la concepción de algunos monumentos como patrimonio cultural en forma de restos que hay que conservar; y cómo, al mismo tiempo, ciertos monumentos conmemorativos han tomado la forma del contramonumento abstracto. No obstante, urgimos prestar atención a cómo en ambos casos su carácter conflictivo queda explícito en la necesidad de su conservación, y un componente fundamental de la acción estatal es la del litigio contra la iconoclasia popular que persiste en la destrucción de monumentos coloniales, racistas y burgueses en el espacio público. Sin embargo, veremos que no todos los monumentos representan los intereses de los Estados y las clases dominantes. En este ensayo indagaremos cómo sus formas también son empleadas más allá de las fronteras occidentales y por movimientos sociales como parte de sus reivindicaciones, haciendo uso del monumento como un artefacto disponible en el marco del despliegue de una práctica política. Así, numerosos movimientos sociales usan el monumento como parte de prácticas subversivas, como medio de expresión. De esta manera, las formas antes exclusivas de las élites europeas son utilizadas para generar artefactos monumentales (en ocasiones denominados «antimonumentos») que desafían directamente al

Estado y a los detentadores del capital. Con ello, desmontaremos la teoría seudouniversal de la conservación del monumento, pero también hablaremos de la relevancia de seguir produciendo nuevos monumentos en el marco de las luchas sociales. Incitamos a la lectura de este ensayo pensando que, si bien hablaremos de monumentos, lo relevante no son los monumentos *per se*, sino lo que ocurre con las comunidades que participan en su construcción, conservación o destrucción. Al fin y al cabo, ¿quién tiene derecho al monumento?

1. Hacia una contextualización del debate

Urge pensar cómo aún hoy los monumentos importan y, por tanto, movilizan a comunidades tanto para su conservación como para su derribo, pues su agencia sigue completamente vigente. Ello va a la contra del relato que se ha vuelto hegemónico desde el triunfo de los discursos en torno a la obsolescencia del realismo en el marco de la Guerra Fría. Desde entonces, los monumentos han caído en el mayor de los descréditos para la élite intelectual europea y estadounidense. Formas asociadas bien con el Antiguo Régimen, bien con delirios totalitarios, los monumentos se tornaron carentes de sentido en un universo en el que la abstracción venció la batalla, patrocinada por la CIA en el frente artístico, con la financiación e imposición del canon abstracto y sus artistas de la mano del Congreso para la Libertad Cultural. El desinterés en el monumento se profundizó aún más con la llegada de la posmodernidad y sus nuevos lenguajes posminimalistas, conceptuales, performativos que acababan con toda traza de academicismo en las bellas artes. Este tipo de prácticas dejaban poco espacio a la consideración de los monumentos como un género relevante. Las élites que dirigen las instituciones artísticas, la crítica de arte, el mercado y las universidades se despreocuparon de ellos al no afectarles más que en su beneficio, en todo caso. En consecuencia de ello ha sido un género artístico desatendido por la crítica, y de ahí derivó la perplejidad que se vivió en el verano de 2020 y el hecho de que, desde entonces, pese a los ríos de tinta que han corrido en torno a la cuestión de los monumentos, el debate en lugar de clarificarse, se ha oscurecido.

Para quien no es consciente ni sufre el clasismo, sexismo y racismo estructural, aquel verano de 2020 fue toda una sorpresa e implicó el redescubrimiento del monumento. El amante del arte se topó con que quizás los monumentos no estaban tan obsoletos. Aquella estatua frente a la que caminaba todos los días, y que nunca había sido un problema, resultó sí serlo para unas masas de manifestantes dispuestos a violentarla e incluso a tirarla abajo. El brutal asesinato de George Floyd fue uno más en la larga lista que acumulan los aparatos represivos del Estado estadounidense en el marco de la violencia racista y clasista de la policía. Pero aquel asesinato detonó en un momento marcado por el profundo malestar estructural que había llevado al extremo la pandemia del COVID-19 y las medidas tomadas para el control de poblaciones, en las que se explicitó el oscuro orden necropolítico del consenso liberal democrático. Unas protestas por las que centenares de miles de manifestantes, ya no solamente en Estados Unidos sino también en el resto del mundo, denunciaron la existencia del racismo estructural. La protesta nunca fue contra los monumentos *per se*, sin embargo, estos resultaron materializaciones evidentes de la ideología que sustenta y se sustenta en esa estructura.

Aterrizado el debate en el contexto del Reino de España, más allá de las diferentes protestas y acciones que tuvieron lugar en las plazas por parte del movimiento antirracista durante ese verano, resulta relevante prestar atención a un suceso mediático que tuvo una amplia repercusión. Suceso que mostró los debates que pueden abrirse y los que no. En aquel verano el movimiento antirracista en Madrid se movilizó y realizó diversas acciones de protesta y *performance*, incluyendo la retirada del monumento a Colón, en un ambiente que proclamaba, más allá de su presencia simbólica en el espacio público, «Fuego al orden colonial». En aquellos días, la artista Daniela Ortiz fue invitada al programa Espejo Público de Antena 3 en una entrevista en directo donde defendió la pertinencia del derribo de los monumentos de Cristóbal Colón. Pero no sólo eso. También señaló las estructuras de dominación colonial que aún siguen vigentes, desde los asesinatos racistas a las muertes migratorias en las fronteras y los centros de reclusión para migrantes o las invasiones de la OTAN. O, lo que es lo mismo, denunció el legado del Príncipe Blanco recordado en el monumento protagonista de la fábula de Wilde. Pero como pudimos ver, ese debate no es tolerable en un espacio de difusión masiva. El acoso y las agresiones que Ortiz recibió no se limitaron a la pantalla, en una cadena acusada recurrentemente de blanquear el fascismo. Las amenazas entraron en su vida personal, abocándola al exilio y a seguir su carrera artística y activismo trabajando desde Perú. Los monumentos volvían a importar y debían ser conservados. No hubo un debate que permitiera cuestionar ese postulado.

Así, el debate en torno a los monumentos, que estaba logrando cierta relevancia en el contexto anglosajón, no llegó a abrirse en el contexto del Reino de España. Colón y la memoria del «descubrimiento» forman parte del hito colonial y resultan un elemento aglutinador en la legitimación del proyecto nacional españolista. Especialmente si atendemos a cuándo sus principales monumentos fueron construidos en Madrid y Barcelona al gusto de la monarquía católica y de la burguesía emprendedora. Este fue un momento en el que la decadencia del imperialismo español lograba a duras penas seguir alentando el nacionalismo interno y necesitaba recurrir a sus tiempos más «gloriosos» en los que la monarquía, los nobles, los terratenientes, el ejército y la burguesía se viesen gratamente representadas.

Apagadas estas voces en el marco del consenso de los gobiernos autoproclamados progresistas que se fueron sucediendo en esos años en el Estado español, el debate siguió presente en el marco de la conmemoración del fascismo. Fascismo que pese a ser de raigambre e imaginario también colonial e imperialista, los progresistas siempre han tratado de desvincular del presente, como si fuera un problema y una historia aparte. De esta forma, algunos de los monumentos de Francisco Franco sí fueron retirados en los últimos años y comenzaron a surgir, incluso con el apoyo de ciertas organizaciones hegemónicas progresistas, ideas acerca del desmantelamiento de muchos más vinculados a la dictadura. Mientras que las leyes promulgadas por el gobierno comenzaron a considerar la retirada de «simbología», plataformas como Debería Desaparecer insistieron en el incumplimiento de las leyes promulgadas y la necesidad de que siguieran desapareciendo símbolos. Muchos de estos símbolos son placas, nombres de calles, en ocasiones monumentos. Y, si bien los cambios de nomenclatura o la retirada de placas han sido menos problemáticos, siendo reemplazados con relativo éxito, el monumento al fascismo que no aluda directamente a la incómoda figura de Franco sigue siendo a menudo intocable, como lo es también el del colonialismo español. La tenaz continuidad en el espacio público de las estatuas de Colón y las cruces a los Caídos por Dios y por España son los ejemplos más evidentes de ello.

La cuestión que nos preocupa es que, pese a que los monumentos están en el centro del debate de la denominada memoria histórica o democrática, el discurso ha sido rápidamente monopolizado por «expertos»: élites académicas, mediáticas, intelectuales, que cuestionan los riesgos de borrar la historia derribando monumentos ya sean coloniales o fascistas. Desde su privilegio, se empeñan en considerar todo monumento como expresión del olvido. Simplemente los ven como monstruos pétreos que imponen razones del pasado, cargados de cursilería moral. Son observados como obsoletos en base al canon del arte contemporáneo o como basurero de una historia heroica que tachan de totalitaria. Pero la paradoja viene cuando, al mismo tiempo, consideran que su conservación es importante desde un punto de vista histórico-evolutivo, lo que esconde una marcada visión teleológica de la historia, argumentando que la exposición pública y perpetua de la culpa va a convertirlos en un artefacto que operará contra sí mismo, ya que el tiempo los ha desactivado. Como si hoy no existiese el fascismo o el racismo en nuestras calles e instituciones, como si fuesen meros restos históricos y no partes de una ideología que continúa operando en la sociedad, en la economía y en los aparatos del Estado. Como si monumentos como el del Descubrimiento construido por la dictadura fascista en 1970 junto a la estatua de Colón en Madrid, no fuesen hoy escenarios políticos para mítines, manifestaciones y todo tipo de eventos de partidos neoliberales, conservadores y neofascistas.

Esta posición de los «expertos» que describimos, se basa en la asunción, muy propia de hombres con buenos empleos en lugares de poder, de que vivimos en un sistema democrático completamente alejado del pasado violento que se recuerda. Cualquier crítica a la idea de la conservación de estos monumentos llenos de agravio no sería sino inadaptación a los principios democráticos. Así, partiendo de que cuantos más estratos históricos acumule el espacio público más oportunidades tiene la sociedad para enfrentarse a los horrores del pasado, generando una sociedad más diversa, democrática y tolerante, se defiende la necesidad del monumento fascista o colonial. Como si el «derecho a la historia» que se pretende garantizar no estuviese, por el simple hecho de conservar monumentos que forman parte del entramado propagandístico de regímenes fascistas o coloniales, monopolizando la historia que se narra en el espacio público, a la vez que se ningunea el derecho a la historia de los pueblos a los que han oprimido.

La oposición a este modo de ver los monumentos se considera puro «barbarismo» y «vandalismo», «ignorancia» e «inadaptación» a la más excelente civilización imaginable que para ellos es, por supuesto, la occidental. Al fin y al cabo, el vándalo no era sino el bárbaro que vino a revelarse contra el imperialismo romano saqueando la misma capital. Lo cual recuerda a los argumentos neorracistas por los cuales se justifican las políticas de ajuste y de extractivismo en los países que se liberaron del yugo colonial, así como los sufrimientos de las clases trabajadoras migrantes, cuya pobreza es leída siguiendo el mito liberal de su falta de adaptación a los valores que abandera el proyecto europeo y estadounidense. El pobre, la mujer, el otro. Lo que recuerda también al profundo racismo, sexismo y clasismo por el cual la «barbarie roja» venía a destruir la eterna civilización cristiana española y para la que hubo que desatar una «cruzada nacional».

Nos encontramos, hoy en día, ante lecturas de los monumentos que, en un momento en el que las fuerzas sociales estaban dispuestas a derribar los legados del fascismo y colonialismo, han invalidado su razón práctica por la imposición de una teórica que pretende ser política de estado y que, sin embargo, se basa en creencias infundadas.

En este sentido, urge revisar el trabajo de Sarah Gensburger y Sandrine Lefranc.[5] En sus investigaciones han constatado la presencia del elefante en la habitación. A la vista de que al mismo tiempo que las políticas de memoria, se ha producido un resurgir del fascismo, se han preguntado acerca de la funcionalidad de las políticas de la memoria que abanderan este tipo de teorías, como las que argumentan los defensores de los monumentos fascistas y coloniales, y de si realmente están logrando los efectos que se les presupone. Se preguntan si acaso es cierta la idea de que promover memorias negativas, a menudo hablando de las víctimas y de la violencia, y recordar esos pasados violentos contribuye a la tolerancia de los individuos y a la cohesión social, a construir una sociedad mejor. Lo que exponen es que la convicción por la cual se cree que conflictos similares no volverían a repetirse no es un hecho demostrable. No hay nada que pueda probar una correlación entre estas políticas y los efectos que se

---

5   Sarah Gensburger y Sandrine Lefranc, *Tejer el pasado: ¿Para qué sirven las políticas de memoria?*, Valencia, Barlin Libros, 2024.

les presuponen. La idea de que «el que olvida, repite» es un argumento político y no psicológico.

Cuando en su trabajo Gensburger y Lefranc se dedican a revisar los datos acerca de cómo han impactado las políticas de la memoria en sus receptores, lo que encontramos es que se está, más bien, contribuyendo a todo lo contrario. Las políticas de memoria, tal y como se han popularizado en las instituciones gubernamentales en las últimas décadas, contribuyen a prolongar odios pretéritos, debilitando los puntos de referencia comunes y trivializando lo político. Atestiguan que tampoco los datos demuestran que conduzcan al diálogo y, a menudo, las actividades desarrolladas como parte de las políticas de la memoria están reforzando deseos de venganza, ideas chovinistas, formas de relación excluyentes, reafirmación de quienes ya creían en la narrativa ofrecida y rechazo aún más fuerte de quienes ya eran escépticos. Podemos esperar lo mismo de las políticas por las cuales se conservan los monumentos del fascismo o colonialismo. Por tanto, debemos sospechar de teorías que se basan en esas creencias infundadas de que el que olvida repite, que la historia no debe ser borrada o que el recuerdo de la violencia garantiza una mejor convivencia. Bien consciente, bien inconsciente, constatamos una agenda reaccionaria detrás de estas teorías. Pero el hecho es que este tipo de ideas en favor de la conservación de los monumentos del pasado, a la vez que invalidan la pertinencia de tener nuevos monumentos, se roban el debate en un momento en el que la correlación de fuerzas está cambiando, en el que personas que han sufrido décadas de desposesión, explotación y opresión, y que se les recordaba su posición subalterna cada vez que caminaban por el centro de Ciudad de México o Barcelona, se han hartado.

Este tipo de situaciones en las que una masa de miles de personas manifestándose opta por derribar el monumento de un colonizador o esclavista, o cuando las asociaciones de memoria y derechos humanos se organizan para derribar un monumento fascista, y en las que repentinamente aparecen medios de comunicación o editoriales, dando difusión a la idea de que se está cometiendo un error o, incluso, un crimen, por incultura y falta de conciencia, cuando hay soluciones mucho más inteligentes como la resignificación, las denominamos el «robo del debate». Una manera de traducir lo que Olúfémi O. Táíwò define como la «captura de las élites».[6] Se trata del momento en el que un grupo

6 Olúfémi O. Táíwò, *Elite Capture. How the Powerful Took over Identity Politics (and Everything Else)*, Londres, Pluto Press, 2022.

de personas, sin consentimiento o siquiera cono-cimiento del conjunto de la sociedad, se sitúa en el debate desde una posición aventajada y ejerce poder en base a sus intereses y objetivos. Personas casi siempre con mayor poder económico y mejor posición social, consecuencia de la distribución in-justa del conocimiento, los valores y la atención. Su presencia en los debates públicos no sólo hace explícita dicha injusticia sino además la desigual-dad material en la que nos encontramos cuando enfrentamos estas situaciones. Capturan la conver-sación alterando la base sobre la cual se organiza-ba el debate, de manera que hacen creer que todo es tan claro como a ellos les interesa, garantizando así el éxito de sus posiciones. Marginalizan a aque-llos grupos que presentan lecturas alternativas, dejándolos en un lugar de ignorancia, como si les faltase conocimiento para entender el debate, ne-gando su conciencia histórica y su agencia, aunque fueran estos grupos quienes presentaron el debate por primera vez. Algo que vemos perfectamente reflejado cuando, frente a una mayoría social que opta por el derribo de un insidioso monumento, se la acusa de iconoclasta, de ignorante, de falta de cosmopolitismo y el debate pasa a ser cómo resignificar ese monumento, abriendo concursos, invitando a la ciudadanía a ofrecer ideas, siempre y cuando estas encajen con el programa preestablecido de la conservación.

Así, el diálogo sobre cómo resignificar el monumento pasa a copar la conversación, cuando nunca fue el debate y la demanda era el derribo. Exactamente como cuando se planteó la posibilidad de demolición del Valle de los Caídos en Madrid o la del conocido como Monumento a los Caídos en Pamplona, «Navarra a sus Muertos en la Cruzada». Vemos cómo la idea generó profundas y violentas reacciones de liberales, conservadores y fascistas. Mientras grupos fascistas y católicos exigen la protección de los monumentos, partidos y agentes progresistas desarrollan ambiciosos planes para la «resignificación» del conjunto monumental que implica irónicamente la conservación del monumento y la memoria del fascismo con el pretexto de crear un memorial «democrático». La defensa de la resignificación invalida así la iconoclasia, un hecho que no hace sino intensificar las sospechas acerca de los fundamentos teóricos de tales decisiones. De este modo, los fascistas y los progresistas convergen en la necesidad de la conservación del monumento.

Valle de los Caídos. 1959. Fotografía de Pablo Forcén Soler, 2007. Dominio público.

Una vez más, esta estrategia ningunea la potente crítica estructural que contiene la iconoclasia y dirige el debate hacia modificaciones lingüísticas superficiales, desviando la atención de las cuestiones centrales: la presencia de las estructuras económicas, sociales e ideológicas del fascismo en empresas, universidades, escuelas, gobiernos o en las mismas calles. Una estrategia que Asad Haider denuncia como fundamental en las «políticas de identidad mal entendidas», donde una cuestión estructural se vuelve lingüística y abstracta; es decir, meramente discursiva y deja de referirse a particularidades históricas y tener consecuencias materiales en lo concreto.[7]

Sin embargo, pese a las teorías que argumentan el valor de los monumentos fascistas para hablarnos del pasado en una sociedad pretendidamente democrática, donde, fantasiosamente, no se siguen reproduciendo los modos de producción del régimen que construyó esos monumentos, hay que reconocer la voluntad de los herederos y privilegiados de dicho régimen en que se perpetúen sus sistemas ideológicos y de disciplinamiento. A propósito del monumento del fascismo español y los deseos de conservarlo, resignificado o no, Yayo Aznar advierte sobre los intereses de dejarlo estar, como un recuerdo en piedra, en ruinas. Esta fue la idea del arquitecto estrella del fascismo alemán, Albert Speer: unas ruinas hermosas, dignas, que evocarán un pasado glorioso siempre capaz de volver porque es ahí, en las ruinas, donde la tradición permanece incrustada. De esta manera, sugiere Aznar, no estaríamos sino

---

7   Asad Haider, *Identidades mal entendidas: raza y clase en el retorno del supremacismo blanco*, Madrid, Traficantes de Sueños, 2020.

ante la forma consumada de la ideología.[8] Al conservarlos, no estaríamos más que otorgando la categoría de eternidad tan deseada por los promotores de aquellos monumentos. Su victoria póstuma se refleja en la decisión de las generaciones futuras de no olvidar su legado al no haber logrado desmontarlo simbólica y estructuralmente.

---

8   Yayo Aznar, «The stones of politics», en Daniel Palacios González y José María Durán Medraño, *Redefining Monuments*, Londres, Palgrave, 2025.

2. El origen de los monumentos

La idea misma es problemática. Para enfrentar un análisis estructural de la situación, nos encontramos con que a menudo no está muy claro qué es un monumento. El Consejo Internacional de Monumentos y Sitios (ICOMOS) lo define como parte del patrimonio cultural: «obras arquitectónicas, obras de escultura y pintura monumentales, elementos o estructuras de naturaleza arqueológica, inscripciones, viviendas en cuevas y combinaciones de elementos que tengan un valor universal excepcional desde el punto de vista de la historia, el arte o la ciencia». Esta definición genera confusión. Por su parte, la UNESCO define los monumentos como parte del «patrimonio cultural», además de grupos de edificios, sitios y museos, con «una diversidad de valores que incluyen la significación simbólica, histórica, artística, estética, etnológica o antropológica, científica y social». Esta definición genera no menos dudas porque ¿quién establece esos valores? La definición no es una labor sencilla. Una de las maneras más erráticas es la de acudir a la raíz etimológica, como si descubrir que al proceder del latín *monumentum*, que significa «conmemoración», permitiera sacar algo en claro. Algunos han tratado, por su parte, de rastrear su origen en la historia de la humanidad y ver monumentos a lo largo de los siglos, llegando a los primeros menhires y estructuras de los asentamientos humanos del paleolítico. Estas formas de entender los monumentos son proyecciones contemporáneas aplicadas a construcciones pasadas o de pueblos que no comparten la noción que se les impone.

A menudo, se trata desesperadamente de acudir a estas definiciones de diccionario, a las que ofrecen las instituciones o las que los académicos han ofrecido excavando la historia humana. No obstante, lo normal es que, quien lea estos textos, se encuentre con la ambivalencia del término, su extraña polisemia para cuestiones que no tienen absolutamente nada que ver entre sí. Encontramos que el término tiende a referirse, por una parte, a aquellos artefactos que se encuentran en el espacio público y que adquieren un valor conmemorativo, de entre los que pueden documentarse desde estatuas de reyes a caballo, hasta memoriales minimalistas que conmemoran genocidios; desde un monolito que marca el lugar de un hecho histórico hasta una tumba albergando los restos de soldados caídos en combate. Hasta aquí, la definición no entraña problemas. Estos surgen cuando, al mismo tiempo, el término es utilizado para designar restos conservados del pasado. Artefactos a los que se les atribuye un significado histórico o valor social por los cuales son conservados; y a los cuales, pese a que ni formal ni temporalmente tengan nada que ver con los anteriores, también se les denomina monumentos. Así, son monumentos la catedral de una gran ciudad, el palacio de un noble a las afueras de ésta, las ruinas de una antigua construcción militar, y una grandiosa obra pública como un acueducto que ha sobrevivido en el tiempo centenares de años tras su construcción. Claramente, unos fueron construidos con una evidente voluntad conmemorativa, pero a los otros esa característica les es atribuida. No obstante, todos comparten un elemento clave en base a la interpretación hegemónica del término: el imperativo moral de su valor intrínseco para la sociedad, el cual exige su conservación. Dado que estas definiciones son ambiguas e, incluso, podríamos atrevernos a decir, ideológicas, resulta más pertinente atender a la historia de su existencia material y a las prácticas sociales que los produjeron.

Françóise Choay explica cómo ambas concepciones (la del monumento conmemorativo y la del objeto al que se le atribuye la etiqueta de monumento), que a menudo se perciben como intercambiables, son opuestas, cuando no antitéticas.[9] Y esta equivalencia ha sido una operación consciente. Pues lejos de poseer universalidad en el tiempo y en el espacio, el monumento es una invención precisamente fechable: el espacio geográfico que hoy corresponde a Italia, remontándonos al siglo XV. Es una época que a menudo tiende a ser asociada al renacer de las artes y las letras, renacer cultural consecuencia del cual la percepción de los monumentos y las construcciones antiguas experimentó una transformación radical. Un momento fundamental se remonta a Roma hacia 1420, tras el turbulento exilio del papado en Aviñón y el Gran Cisma de Occidente, cuando el Papa Martín V regresó a Roma con el objetivo de restaurar

9   Françoise Choay, *The Invention of the Historic Monument*, Cambridge, Cambridge University Press, 2001.

su prestigio y poder. Rodeado de las ruinas de la Antigüedad, Martín V y sus contemporáneos humanistas como Poggio Bracciolini empezaron a ver en esas estructuras no sólo vestigios de un pasado glorioso, sino símbolos que legitimaban la autoridad y la grandeza del papado y de las elites emergentes. Este nuevo clima intelectual transformó las ruinas de Roma en algo más que simples restos o vestigios de épocas remotas. Desde entonces comenzaron a ser interpretadas como símbolos vivientes de la grandeza del Imperio romano, un legado que la burguesía, el clero, el ejército y las monarquías ansiaban reivindicar y, en cierto modo, revivir. De hecho, una de las primeras medidas de protección de los monumentos fue cuando en 1425 el papa Martín V se proclamó heredero del Imperio romano y ordenó la protección de ciertos edificios antiguos, incluso ordenando destruir otros más recientes anexos a los antiguos o próximos a ellos, para destacar así el valor de estos monumentos de la Roma clásica.

Sin embargo, es crucial entender que el término «monumento» empezó a aplicarse a dos tipos radicalmente distintos de estructuras en este momento. Por un lado, estaban las edificaciones que habían sobrevivido de la Antigüedad, ahora vistas como monumentos dignos de preservación. Por otro, las nuevas construcciones que, imitando las formas y estilos de la antigua Roma, también fueron consideradas monumentos. Por este motivo, a la hora de la creación de nuevas obras arquitectónicas, los palacios, las iglesias, los edificios de gobierno o militares comen-

Monumento a Cosimo I de Medici, por Giambologna. 1594.
Fotografía de Jebulon, 2011. Dominio público.

zaron a estar inspirados en las formas y estilos del pasado clásico. Al mismo tiempo, estos grupos sociales comenzaron a construirse sus propios monumentos, mientras que los monumentos romanos originales estaban dedicados a la glorificación de emperadores y dioses, los primeros monumentos públicos renacentistas se erigieron en honor a sí mismos, quienes ahora se presentaban como los herederos del poder y prestigio imperial. De esta manera, el uso del lenguaje clásico no implicaba una mera imitación erudita de los contenidos antiguos por puro y desinteresado amor al conocimiento de la historia antigua; más bien, los denominados renacentistas reinterpretaron esos códigos visuales para servir a sus propios intereses. Un ejemplo emblemático es Cosme I de Médici, quien no sólo promovió el desarrollo arquitectónico en Florencia durante el siglo XVI, sino que también mandó erigir su propia estatua ecuestre en el centro de la Piazza della Signoria. Este monumento, con su estética imperial romana, no sólo celebraba su poder y autoridad, sino que también simbolizaba su coronación en Roma como duque y su entrada triunfal en Siena como gobernante de la República a modo de emperador romano.

Pero ¿por qué generar estas nuevas estructuras y proteger las antiguas? Arnold Hauser ofrece una perspectiva crucial.[10] Según Hauser, este renovado interés por la Antigüedad no puede separarse de los cambios económicos fundamentales que estaban ocurriendo en Europa. Para Hauser resultan esenciales la acumulación de capital en el contexto de las Cruzadas, el desarrollo del sistema bancario y la aparición del corporativismo, que crearon las condiciones para que surgiera una nueva clase social, ya no marginal sino dirigente: la burguesía. Sería esta clase la que, en su afán por consolidar su poder y autoridad, finalmente se apropió de los símbolos de la Roma imperial, no sólo para legitimar su posición, sino también para reproducir un sistema de dominación económica y social, generando el entramado cultural que sería asumido también por iglesia, militares y nobles. Pero deberíamos llevar esta interpretación aún más lejos, sugiriendo que este momento de la historia también estuvo marcado por la normalización del uso de la esclavitud por parte de esta primera burguesía mediterránea, sentando así las bases de la división y explotación del trabajo en base a lógicas raciales, tal y como su-

---

10 Arnold Hauser, *Historia social de la literatura y el arte (vol. I): Desde la prehistoria hasta el barroco*, Barcelona, DeBolsillo, 2022.

giere Cedric J. Robinson.[11] Además, fue un periodo crucial para el asentamiento de la división sexual del trabajo, particularmente tras las cacerías de brujas en Europa que, siguiendo la tesis de Silvia Federici, contribuyeron a cristalizar un orden social basado en la subordinación de las mujeres y que se extendió posteriormente a través del proyecto colonial.[12]

Si vemos, por tanto, que los monumentos de las nuevas clases dirigentes se empeñan en referenciar la grandeza del Imperio romano, alzándose como grandes hombres a la conquista del mundo con el fin de la acumulación de capital, los monumentos empiezan a cobrar sentido más allá de su presunto valor humanista. También cobra sentido que estas formas comiencen a monopolizar la manera según la cual se entiende la memoria induciendo situaciones que el sociólogo Orlando Patterson ha calificado de «muerte social» en referencia a las poblaciones esclavizadas.[13] Algo que también atinge al nuevo

---

11 Cedric J. Robinson, *Marxismo Negro: la formación de la tradición radical negra*, Madrid, Traficantes de Sueños, 2021.

12 Silvia Federici, *Calibán y la bruja: mujeres, cuerpo y acumulación primitiva*, Madrid, Traficantes de Sueños, 2022.

13 Orlando Patterson, *Slavery and Social Death: A Comparative Study: With a New Preface*, Cambridge, Massachusetts, Harvard University Press, 2018.

proletariado urbano, a la mujer separada de los medios de producción y condenada al trabajo de reproducción social, cuyas memorias no quedan sino relegadas a la inmaterialidad de la oralidad frente a los nuevos monumentos que se despliegan materialmente en el espacio.

Así pues, en los siglos siguientes, se produjo una supuesta universalización del humanismo en el que el estudio, la conservación y construcción de nuevos monumentos referenciando la Antigüedad clásica tuvo un notable desarrollo en el marco de la expansión colonial y la creación progresiva de los Estados nación. De esta manera, en los siglos posteriores, y con especial importancia en el siglo XIX, los monumentos conmemorativos llenaron las plazas de las ciudades y se fueron progresivamente adoptando medidas para su conservación junto a aquellos a los que les atribuía la categoría monumento. En este sentido, tanto el monumento público como los monumentos históricos conservados fueron interpretados por Eric Hobsbawm como parte de «tradiciones inventadas»;[14] es decir, como parte de estrategias mediante las cuales los Estados nación, en el marco

---

14 Eric Hobsbawm y Terence Ranger, *La invención de la tradición*, Barcelona, Crítica, 2002.

del desarrollo capitalista en Europa, crearon una falsa temporalidad legitimadora mirando al pasado. Tras la independencia de los Estados Unidos de América, George Washington y Thomas Jefferson también miraron a la antigua Roma a la hora de poner en marcha sus planes urbanos realizados en la nueva capital nacional, Washington D. C. Así, cuando las ciudades se llenaron de monumentos a los «grandes hombres», no se estaba sino reforzando simbólicamente la dominación socioeconómica que se traduce en relaciones de explotación y opresión de clase, género y raza a través de la pretendidamente inocente representación de pensadores, mártires, científicos, educadores, militares y alegorías de la nación; como si siempre hubieran existido, desde la Antigüedad, tanto en la metrópoli como en la colonia. Hobsbawm recoge cómo la enseñanza de la historia a la manera europea no solamente estuvo presente en los libros sino también a la hora de establecer qué grandes monumentos locales debían conservarse como «patrimonio». A lo que Henri Lefebvre añade la cuestión de cómo la construcción de estos monumentos generó un consenso espacial elemental en el marco de los procesos «civilizadores».[15]

---

15 Henri Lefebvre, *La producción del espacio*, Madrid, Capitán Swing, 2013.

Por todo esto, es fundamental definir el monumento como parte de un proceso social y económico en el cual la ambigua definición de la que hablábamos al inicio cobra sentido, dada la utilidad de esa falsa temporalidad por la cual, al proteger lo antiguo y lo contemporáneo, se dotaba de carácter eterno a las naciones, legitimando el poder del Estado y el de las clases dirigentes que los construían y a las que se les dedicaban esos monumentos. El ejemplo más conocido internacionalmente de la hipócrita ambigüedad y, por tanto, falsedad del monumento es el Emancipation Memorial en Capitol Hill, Washington D. C., erigido por Thomas Ball en 1876 y en el que se representa a Abraham Lincoln en actitud liberadora y condescendiente frente a un esclavo liberado, Archer Alexander, quien se arrodilla como muestra de agradecimiento, sumiso y sometido, ante tan magnánimo liberador. Un programa iconográfico que también encontramos en el Monumento a la Hispanidad en los aledaños del Museo de América en Madrid, y que representa a un caballero español salvando a una indígena que se ahoga.

Emancipation Memorial, por Thomas Ball. 1879. Fotografía de la Boston Art Commission, 2021. Dominio público.

3. El discurso autorizado del monumento

En este proceso hay un hito clave: cuando en 1903 el historiador de arte austriaco al servicio del Imperio austrohúngaro, Alois Riegl, publica *Der moderne Denkmalkultus* [El culto moderno a los monumentos]. El libro es considerado como el primer análisis sistemático de los valores de patrimonio y de una teoría de la conservación. Las ambiciones de Riegl, que en ese momento actúa como presidente de la Comisión para la Investigación y Conservación de Monumentos Artísticos e Históricos, son más o menos fáciles de entrever. Riegl quiere sintetizar una serie de «hechos» y «valores» objetivos con los que determinar el «documento original» sujeto a la conservación y a futuras investigaciones histórico-artísticas. De aquí se deriva el valor que hoy se considera objetivo y científico y que legislaciones internacionales como la Convención sobre la Protección del Patrimonio Mundial Cultural y Natural de la UNESCO se encargan de formalizar.

Sin embargo, a pesar de su aparente obviedad o, precisamente por ello, la empresa de Riegl está cargada de positivismo. El énfasis recae en la herencia común que nace del espíritu moderno y es una manifestación palmaria de la emancipación del individuo que ha superado así los fundamentos tradicionales de la cultura. De alguna manera, para Riegl la historia se acaba aquí, con el espíritu moderno. Valora la pura experiencia subjetiva frente a la génesis histórica que entiende como el ciclo orgánico de creación y destrucción contemplado en sí mismo y que, de un modo muy kantiano, es fuente de satisfacción estética. Su postura es consistente con la ideología común al colonialismo y a la acumulación capitalista que viven un nuevo apogeo con el cambio de siglo. Ambos necesitan construir los territorios sobre los que ejercen su dominio en una especie de tabula rasa allende la historia, es decir, en un eterno pasado previo al desarrollo del capitalismo que es el fin absoluto de la historia. Típicamente, el colonialismo significó despojar a los pueblos de su presente para recrearlos en un pasado «auténtico» pero sin significado real, excepto para señalar precisamente lo que Riegl más valoraba en los monumentos: su valor de antigüedad. Ahora bien, no es únicamente Riegl. Por la misma época, el celebrado historiador de arte alemán Aby Warburg hace lo propio con el pueblo hopi. En *El ritual de la serpiente* (1923) Warburg se lamenta de la creciente penetración de la cultura occidental como si las comunidades fuesen apenas ecos pasivos de semejante penetración. Rigel escribe que, frente a la reflexión intelectual que el valor histórico requiere, reconocer el valor de antigüedad es tan sencillo que «hasta el campesino más limitado podrá distinguir la vieja torre de una iglesia de una nueva». El valor de antigüedad habla por sí mismo, es un hecho incontestable y se dirige directamente al sentimiento. Lo que Riegl busca es que los monumentos sean aceptados inevitablemente. En un sentido liberal, expresa consenso.[16]

El discurso de Riegl se mueve entre una teoría de la restauración y la conservación. Por una parte, se trata de cuidar el estado en el que los monumentos nos han llegado; por otra, condena toda intervención

---

16 Alois Riegl, *El culto moderno a los monumentos*, Madrid, Machado Libros, 1987.

contraria al valor de antigüedad, esto es, condena la destrucción violenta del monumento causada por la mano humana, al tiempo que rechaza la intervención arbitraria como una intromisión. Aunque advierte que frente al proceso de degradación natural es necesaria la permanencia de alguna huella de la forma original que permita poder apreciar el monumento. La suya es una teoría extraordinariamente liberal, además de anti-iconoclasta. La universalidad que reivindica para los monumentos es un pálido reflejo de la dignidad universal que el orden político liberal reclama para el individuo. Se mueve en los términos del liberalismo decimonónico, para el cual el reconocimiento y la realización de la singularidad individual son clave, que se adapta a la conservación cuando se aborda el hecho individual del monumento y la experiencia subjetiva. Sin embargo, este tipo de teorías siempre implican una operación ideológica. Pese a que haga hincapié en el patrimonio común, convierte a los monumentos en el instrumento de una ideología que busca asentarse en el espacio público y, por ende, ejercer un dominio sobre éste a partir de criterios objetivos que esconden aspiraciones clasistas que se fundamentan en un pasado eterno. Sirve también de advertencia para quienes desean ocupar el espacio de otra forma. La inevitabilidad y obviedad de los monumentos que Riegl teoriza abre la puerta a la reconstrucción fidedigna de lo que ha sido violentado por las fuerzas que se oponen al curso natural de la historia. Al mismo tiempo, permite su resignificación, siempre y cuando ésta no transgreda o tergiverse su «valor». Todo aquel que lo violente, como puede ser el ejercicio de una práctica política iconoclasta, es considerado criminal.

La sistematización de Riegl influyó enormemente en las cartas de Atenas (1931) y Venecia (1964), los convenios de La Haya de 1954, las cartas del ICOMOS y las declaraciones de la UNESCO sobre la protección del patrimonio. Todos estos tratados en los que las leyes de cada Estado suelen inspirarse, mantienen la necesidad de protección jurídica y acción política para la conservación y catalogación por medio del aparato estatal y los profesionales de la conservación. Además, pese al origen absolutamente político de los monumentos vinculados a la dominación patriarcal y a la legitimación ideológica del capitalismo racial, en este proceso quedan invisibilizados los intereses políticos, raciales, de clase y de género. De este modo, la necesidad de conservación como imperativo moral se ha convertido en una ideología que enmascara la comprensión de la realidad del monumento como necesariamente ligada al conflicto social mediante la subyugación de género y la explotación de clase, y oculta así la dominación racista y colonial. Algo que ha intentado solventarse en la segunda mitad del siglo XX, cuando la noción de monumento fue progresivamente perdiendo fuerza frente a otras.

Así, prestar atención a las denominadas prácticas patrimoniales inmateriales ha sido fundamental para la labor política de organizaciones como la UNESCO. Iniciativa por la que, presumiblemente, se habría abandonado la perspectiva etnocéntrica de que esto sólo puede aplicarse a los monumentos europeos. No obstante, la adopción de esta noción de patrimonio continúa en numerosas ocasiones sosteniendo la conformidad con los intereses de la construcción del Estado nación, a pesar de ser prácticas más inclusivas. El paso del monumento a la noción de patrimonio también ha facilitado la necesidad universal de extender la conservación a los monumentos coloniales, racistas, sexistas y clasistas ya que esos monumentos tradicionales se conservan como si tuvieran el mismo valor y cumpliesen los mismos criterios que el «patrimonio inmaterial» de los pueblos históricamente oprimidos cuya patrimonialización conlleva, inevitablemente, su mercantilización, en lo que supone de pérdida y desposesión de las bases naturales, metabólicas, y de su cultura. Todos son Patrimonio Mundial que hay que inscribir y proteger. En este sentido, al reconocer la cultura de los oprimidos como patrimonio (a menudo inmaterial), no se cuestiona la cultura del opresor (en su mayoría monumental), como si ambas gozasen del mismo estatus. No obstante, esta situación es ilusoria y se ha tratado de revertir en contextos de liberación nacional y revolucionarios.

4. La revolución monumental

En 1917, con la Revolución de Octubre, no solamente se derribó el gobierno de los zares proclamándose el congreso de los soviets como nuevo cuerpo de gobierno, sino que también se comenzaron a levantar las estructuras que gobernarían el nuevo Estado proletario. A la toma del Estado y de los medios de producción, le siguió la toma de los medios de producción simbólica. Por primera vez en la historia, las masas populares pudieron elegir el rumbo de su programa monumental. A menudo se ilustra este hecho con el proyecto del Monumento a la Tercera Internacional diseñado en 1919 por Vladimir Tatlin. Una torre de formas abstractas que contenía cuatro estructuras geométricas que rotarían acorde al tiempo de la nueva era. Un monumento que no recordaba

un hecho pasado sino que inauguraba el presente revolucionario internacional. Si bien este proyecto ha
llenado páginas y páginas de los libros de historia del
arte burgués por lo atractivo de sus formas, despo-
jándolo de su contenido se está pasando por alto la
relevancia de que la propuesta de Tatlin era radical,
no por sus formas ya presentes en los movimientos
de vanguardia burgueses, sino por atender a la necesidad de la dictadura del proletariado de tener sus
propios monumentos. De hecho, esa incomprensión
es la que ha llevado a denostar los monumentos que
vendrían durante los años y décadas que siguieron
a la revolución. Monumentos realistas, dedicados a
campesinas, obreros, artistas comprometidos, líderes revolucionarios que poco tenían que ver formalmente con las aspiraciones estéticas vanguardistas
en Occidente, pero que hablaban de las aspiraciones
vanguardistas de la sociedad que los construyó.

Guiadas por ese horizonte emancipador, las revoluciones se expandieron tras la victoria sobre el fascismo y
sus regímenes títeres en 1945 y la construcción de monumentos continuó. En relación con los monumentos
a la resistencia antifascista, la guerra de liberación popular y la revolución en Yugoslavia, Sanja Horvatinčić
recupera el inconcluso proyecto de la productora

Jadran Film que documenta la construcción del Monumento en Gratitud al Ejército Rojo en Batina. Se trata de un documental que iba a mostrar no solamente la alianza yugoslavo-soviética antes de 1948. Además de las referencias a los eventos históricos, estaba centrado en las condiciones materiales y tecnológicas de su producción. Desde el trabajo del artista al de los ingenieros, mostrando así la ardua tarea que se esconde detrás de la construcción del monumento, para lo que hacían falta desde los conceptos creativos a los materiales, desde los escultores a los cimentadores de los pedestales. El film mostraba que el pueblo yugoslavo no solamente estaba construyendo un monumento, estaba construyendo el socialismo, haciendo uso del artefacto de la memoria como una metáfora poderosa de la creación de esa nueva sociedad.[17] Sociedades en las que la propiedad de la tierra, de los medios de producción, en las que la representación política había cambiado en sus estructuras radicalmente y, por tanto, también quién tenía ahora derecho al monumento. Poniendo el énfasis en este lado de la práctica política, décadas más tarde C. L. R. James afirmaría que fueron los trabajadores quienes «hicieron el trabajo

---

17 Sanja Horvatinčić y Beti Žerovc (eds.), *Shaping Revolutionary Memory. The Production of Monuments in Socialist Yugoslavia*, Berlín, Archive Books, 2023, p. 301.

teórico sobre lo soviético. Ellos pensaron lo soviético. Ellos lo analizaron y lo recordaron».[18] Su interés era la construcción del socialismo y, como parte de ese ejercicio, construyeron nuevos referentes. Por ello, quizás, se haya denostado tan profundamente la práctica monumental realista soviética desde Occidente, donde las condiciones materiales no han permitido que una práctica similar tome tal despliegue.

No obstante, ese pensamiento práctico de construcción y recuerdo tuvo una proyección fuera de las fronteras soviéticas. Las nuevas posibilidades de autorrepresentación popular tras la toma no sólo del Estado y de los medios de producción, sino también de los medios de producción de los monumentos, fue exhibida internacionalmente. En la Exposición Universal de París de 1937, la composición de 25 metros de altura de una koljosiana y un obrero levantando la hoz y el martillo se instaló sobre el pabellón soviético y tras la exposición se reubicó en Moscú. También pasó a formar parte de la cabecera de las películas de la industria del cine soviético Mosfilm. Se convertía así en un monumento virtualmente visitado por todo espectador que visionase las películas, pero que hablaba

---

18 C.L.R. James, *The Future in the Present: Selected Writings*, Westport, CT, L. Hill, 1980, p. 130.

Monumento de la koljosiana y el obrero. 1937.
Fotografía de Willem van de Poll. Dominio público.

menos de la imagen corporativa de los estudios que del hecho que Walter Rodney notó a su llegada a la Unión Soviética en 1962: el aeropuerto estaba lleno de personas trabajadoras y campesinas. Mientras que en el mundo capitalista el aeropuerto era una institución burguesa, allí no lo era. De la misma manera, el monumento que se inició como institución burguesa fue socializado en el contexto soviético, al igual que los campos y las fábricas. La referencia es traída a colación por Vijay Prashad en la edición de los textos de

Rodney acerca de la Revolución de Octubre.[19] Textos basados en sus clases con los que Rodney instruye a los estudiantes en la importancia del materialismo histórico para comprender las condiciones objetivas y subjetivas necesarias para una transformación revolucionaria. Una transformación que debía aprender de la experiencia de Octubre pues, en la perspectiva de Rodney, era fundamental romper con las viejas jerarquías y construir la igualdad: era preciso poner en el centro de la lucha a la clase trabajadora y al campesinado. Cuando se hizo, nuevos monumentos tuvieron cabida en las plazas del «Tercer Mundo». La Revolución de Octubre demostró que no sólo era posible derrocar gobiernos, sino también crear un nuevo régimen a su propia imagen.[20]

Por ello, no es ninguna sorpresa que, tras décadas de guerra, cuando las fuerzas del Partido Comunista Chino lideradas por Mao Tse Tung vencieron finalmente a la reacción del Kuomintang y a los imperialistas japoneses, en el mismo año triunfal y revolucionario de 1949, se decidiese instalar en la plaza

19 Walter Rodney, *The Russian Revolution. A view from the Third World*, Londres, Verso, 2018, p. viii.

20 Vijay Prashad, *Una estrella roja sobre el tercer mundo*, Barcelona, Bellaterra, 2022.

de Tiananmen un gran monumento de granito de 28 metros de altura en el que se leía «Gloria eterna a los héroes del pueblo». Tras éste vinieron centenares de ellos por todo el territorio, representando a mujeres y hombres de las clases campesinas y trabajadoras chinas, que victoriosas protagonizaban la revolución en las calles y en los pedestales tomando formas realistas nunca antes vistas para personas trabajadoras.

Años más tarde también se desplegaron monumentos similares en la República Socialista de Vietnam tras la victoria frente a la agresión imperialista, o en la República de Cuba, abriendo una nueva era en las posibilidades de autorrepresentación de los pueblos, de las resistentes mujeres vietnamitas a los cimarrones cubanos. Pero, de manera fundamental, este tipo de estructuras nos permite reclamar las políticas revolucionarias que Kevin Ochieng Okoth defiende en *Africa Roja*.[21] Okoth demuestra que cuando en 2015 se vivió una ola «decolonizadora» reclamando la retirada de la estatua de Cecil Rhodes de la Universidad de Cape Town, existía una tradición mucho más amplia de lucha que nada

---

21 Kevin Ochieng Okoth, *Red Africa: Reclaiming Revolutionary Black Politics*, Londres, Verso, 2023.

Monumento frente al mausoleo de Mao, Beijing. 1977. Fotografía de Haluk Comertel, 2013. Dominio público.

tiene que ver con la popularización de los lenguajes del «afro-pesimismo». Okoth denuncia que se están generando nuevas grandes narrativas que al eliminar toda la historia marxista anticolonial como si fuese eurocéntrica, acaban por justificar la explotación continuada del continente y las prácticas imperialistas.

En Argelia, donde la guerra contra el colonialismo francés fue protagonizada por el Frente de Liberación Nacional, desde 1982 se conmemora a los

Mártires de la Independencia en una gran estructura que, simulando tres hojas de palmera, se eleva hacia el cielo. En Ghana, en la antigua Costa del Oro colonial, el monumento a Kwame Nkrumah, revolucionario marxista, primer presidente de Ghana y fundador de la Organización para la Unidad Africana, preside en la capital Accra el parque que conmemora su legado en los terrenos en los que antes se situaba un campo de polo colonial británico. En Cabo Verde, a Amílcar Cabral, fundador del Partido Africano para la Independencia de Guinea y Cabo Verde que lideró la lucha antiimperialista contra Portugal, tras haber sido asesinado en el curso de la lucha revolucionaria, se le dedicó un monumento en el que su figura heroica se ubica en un pedestal. Estos son legados que sobreviven y, pese a la lejanía del momento revolucionario, siguen produciendo monumentos.

Desde 2012, en la República de Angola, un gigantesco monumento que incluye una torre de 120 metros recuerda a Agostinho Neto, líder del movimiento Popular de Liberación de Angola, organización que desplegó la lucha anticolonialista desde el marxismo contra el imperialismo portugués, estadounidense y el de la Sudáfrica del Apartheid.

En 2019, tres décadas después de su asesinato, se descubrió en Burkina Faso un monumento al líder marxista panafricanista Thomas Sankara. Después de décadas de brutal dictadura, Burkina Faso renace hoy en el contexto de una revolucionaria cooperación interestatal en la región del Sahel que la enfrenta al orden colonial francés.[22]

También de producción reciente han sido las estatuas dedicadas a Samora Machel, líder del frente de Liberación de Mozambique, a Patrice Lumumba, el primer ministro antiimperialista de la República Democrática del Congo, o a Nelson Mandela, líder del Congreso Nacional Africano, quien acabó encabezando el gobierno de su país, la Sudáfrica posapartheid, y a quien tras su muerte se le dedicó un monumento en Pretoria. O también los de Namibia. En 2002 se levantó un monumento a los héroes de la independencia; y en 2014 al pueblo herero, que sufrió el primer genocidio del siglo XX a manos del imperialismo alemán, siendo recordado a través de dos figuras que rompen sus grilletes y levantan los puños en alto. Se trata de monumen-

---

22 Vijay Prashad, «France Must Go from Africa Is the Slogan of the Hour: The Forty-Ninth Newsletter», *Tricontinental*, 5 de diciembre 2024. https://thetricontinental.org/newsletterissue/sahel-sovereignty/.

tos que abren una línea de futuro, como también lo hace el Monumento al Renacimiento Africano inaugurado en 2010 en Dakar, en la República de Senegal, en el cual las figuras de bronce de casi 50 metros de altura representan a una mujer, a un hombre y a un niño alzándose hacia el cielo.

No obstante, aunque sean genuinas expresiones de autonomía poscolonial, existen contradicciones y dialécticas no resueltas relacionadas con la construcción de estos monumentos. A una situación de este tipo se refiere el trabajo de Khanyile Mlotshwa, quien lo ha teorizado a través de la experiencia vivida con la construcción del monumento a Joshua Nkomo en Zimbabue.[23] Nkomo fue un líder revolucionario maoísta, rival del líder de la facción prosoviética del movimiento revolucionario a finales de los años 70, Robert Mugabe, quien sería primero primer ministro y después presidente de Zimbabue. Nkomo en 1990 llegó a ser vicepresidente de Robert Mugabe tras un proceso de reconciliación que, sin embargo, lo llevó a su aniquilación simbólica. Canonizado tras su muerte como Padre Zimbabue, hubo un compromiso gu-

---

23 Khanyile Mlotshwa, «Perplexity and Ambivalence: Making Sense of the People's "Relationship" to the Joshua Nkomo Statue in Bulawayo, Zimbabwe», en Daniel Palacios González y José María Durán Medraño, *Redefining Monuments*, Londres, Palgrave, 2025.

bernamental acerca de su recuerdo. Así, en 2013, se construyó una estatua en su memoria en Bulawayo, gesto que opera de manera ambivalente. La estatua, que pretende conmemorar a los que llevaron a cabo la lucha de liberación contra el dominio colonial, fue erigida por la élite gobernante que se entiende a sí misma como camarada. Pero la estatua también puede interpretarse que fue erigida por sus afines para preservar la memoria de uno de los suyos. Finalmente, la estatua de Nkomo fue erigida por la nación o el

Monumento a Joshua Nkomo, 2013. Fotografía de Khanyile Mlotshwa, 2023.

Estado para preservar la historia de la lucha de liberación que consiguió, gloriosamente, la independencia del país dando paso a una república negra sobre las ruinas de Rodesia, una república racista blanca.

En origen, el plan fue rechazado por la población al percibir una instrumentalización por parte del gobierno de Mugabe con el fin de legitimarse, además con cierta controversia por su proceso de producción. Sin embargo, en un segundo momento se reconoció el proyecto y hoy el Movimiento Cultural Joshua Nkomo utiliza la estatua como punto de partida para sus marchas en la celebración anual del Día de Joshua Nkomo. Los seguidores del Highlanders Football Club también la utilizan para difundir su mensaje de no al gamberrismo en el fútbol, y los activistas radicales Ibhetshu LikaZulu hacen un uso contrahegemónico de la misma frente al nacionalismo zimbabuense impulsado por Mugabe y por la reivindicación de los derechos del pueblo Ndebele en Matabeleland y Midlands, víctima de masacres en los años 80, donde se veía a Nkomo como un líder.

Si bien el movimiento de liberación, dividido, vivió un proceso de reconciliación que implicó la marginación de Nkomo, tras su muerte en 1999, el presidente Mugabe se convirtió en principal doliente durante su entierro en Harare. Mlotshwa argumenta que fue entonces cuando se reconoció al difunto nacionalista como personaje magnánimo, devolviéndolo al escenario nacional que, pese a la utilización de su figura de manera hegemónica, no impide el uso contrahegemónico de la misma: el revivir su legado revolucionario y el hito anticolonial simbólico de que su figura ocupa el lugar donde antes estaba la estatua del capitalista y colonizador Cecil Rhodes.

De esta manera, hay que recordar también la llamada de atención de Walter Rodney a aquellos proyectos que, tras la independencia, no estaban poniendo en el centro la cuestión de clase, en una deriva nacionalista a menudo poco revolucionaria. No obstante, pese a la complejidad y densidad de estas situaciones, Rodney planteaba que si el marxismo era una ideología, lo sería (usando sus palabras) del «Tercer Mundo».[24] Este debate puede llevarse a la cuestión de los monumentos, ya que en su vertiente revolucionaria, tienen un despliegue a escala mun-

---

24 Walter Rodney, *Decolonial Marxism. Essays from the Pan-African Revolution*, Londres, Verso, 2022, p. 52.

dial, recogido recientemente por Xabier Peñalver en un extenso volumen que nos habla de la magnitud del fenómeno.[25] De la necesidad de la reescritura de la historia de los monumentos, frente a la simplista ecuación «monumento» igual a «antiguo régimen», quizás si sumásemos todos los monumentos antifascistas, revolucionarios, antiimperialistas y de liberación nacional, pronto rivalizarían en cantidad e impacto social con los de las antiguas monarquías europeas.

---

25 Xabier Peñalver Iribarren, *Revolución, resistencia y memoria. Patrimonio de la humanidad*, Pamplona, Txalaparta, 2022.

5. El complejo represivo iconoclasta

Robert Bevan, en su trabajo (no exento de contradicciones) sobre la cuestión de los monumentos y las guerras culturales, llama lúcidamente la atención sobre una cuestión clave: el Complejo Militar Patrimonial.[26] Pese a que la Convención de Génova y la de la Haya para la protección de la Propiedad Cultural en el caso de Conflictos Armados establecen ciertas provisiones para prohibir los ataques a los sitios culturales, existe una excepción a la prohibición: cuando el ataque se produce por necesidades militares. Jugando con estos protocolos, ejércitos como el de los Estados Unidos y el del Reino Unido tienen

---

26 Robert Bevan, *Mentiras monumentales. La guerra cultural sobre el pasado*, Valencia, Balin, 2023, p. 199.

sus propias unidades militares de «protección de las propiedades culturales» que son asesoradas por «expertos», que Bevan problematiza situándolos en el ámbito de la complicidad. Estos «expertos» realizan «*no-strike lists*», es decir, inventarios de aquellos artefactos culturales, como son los monumentos, que deben evitar ser bombardeados asumiendo así que otros sí lo serán. Estas estrategias han sido puestas en práctica en los bombardeos de Libia, Siria, Iraq o Yemen. Donde en teoría parece que existe un deseo de proteger la cultura de los bombardeos durante las campañas militares, lo que existe es una voluntad de garantizar el éxito de la operación. Por ello, no resulta sorprendente que en el contexto de las agresiones imperialistas no solamente se destruyan de manera sistemática las infraestructuras económicas, tales como fábricas, puentes o puertos del país, sino también el entramado simbólico.

Estamos siendo testigos de esta situación en el marco de las acciones genocidas de las fuerzas de ocupación israelí, que sistemáticamente destruyen no sólo la infraestructura económica palestina, exterminando o forzando al desplazamiento a su población, sino que también acaban con aquellas estructuras consideradas como monumentos, tales como iglesias o mezquitas en Gaza, así como con los monumentos conmemorativos que la resistencia palestina había dedicado a figuras como Yasser Arafat en Tulkarm, arrasado por los buldózer, al igual que lo fue el caballo de Jenin, ubicado a las puertas del campo de refugiados y construido, en colaboración con el artista Thomas Kilpper, por la comunidad local con la chatarra resultante de la invasión israelí en 2003.

Ni Estados Unidos ni las fuerzas de la OTAN ni las de la ocupación israelí abren debates sobre la pertinencia de la resignificación cuando bombardean o patrocinan golpes de Estado. Así fue derribado en 1966 el monumento a Kwame Nkrumah, presidente de Ghana y líder del comunismo panafricanista, tras el golpe de Estado supervisado por la CIA que acabó con el experimento socialista del país. Tampoco lo hicieron los mercenarios e islamistas libios al servicio de la OTAN y las multinacionales del petróleo en 2011, cuando atacaron el monumento del puño aplastando un avión estadounidense que recordaba, desafiante, la resistencia libia durante los bombardeos de 1986. Y así está ocurriendo en Ucrania desde 2014, cuando grupos neonazis, fascistas y nacionalistas ucranianos derriban sistemáticamente monumentos socialistas, conmemorativos de la victoria antifascista de 1945 o de revolucionarios como Lenin.

La iconoclasia imperialista no sólo toma la forma de la agresión militar tradicional sino también la de «rebeldes», tal y como se ha visto recientemente. Como parte del intento de desestabilizar la República Bolivariana de Venezuela, las guarimbas han atacado monumentos de Hugo Chávez y del Cacique Coromoto; y lo mismo ha ocurrido con las acciones de los yihadistas que derrocaron la República Árabe Siria apoyados por Estados Unidos e Israel. Imágenes de presuntos revolucionarios son difundidas masivamente en los medios y prensa occidental que ante audiencias progresistas buscan generar la sensación de que estos derribos de monumentos son actos revolucionarios, progresistas y antiautoritarios, cuando en realidad se ha tratado de agresiones imperialistas en detrimento de la soberanía de los pueblos.[27]

Esto lleva ocurriendo durante décadas en otros estados postsocialistas, donde la destrucción y retirada sistemática de monumentos y placas conmemo-

---

27 Acerca de esta tesis se puede visionar la conferencia de Daniela Ortiz «No existe descolonización sin antiimperialismo», accesible en: https://www.youtube.com/watch?v=iFJ7JSj-JeU.

rativas que monumentalizaban la memoria obrera y revolucionara no ha venido de la mano de la guerra sino en condiciones de paz y libre mercado. Cifras que superan toda iconoclasia realizada desde cualquier otra connotación política. A principios de la década de los 2000, la Asociación de Combatientes Antifascistas de Croacia ya contaba con unos datos que, aunque incompletos, reconocían 2964 memoriales (de placas a monumentos) dañados o destruidos entre 1990 y el año 2000 en la antigua República Socialista de Croacia. Una iconoclasia que, además, ha afectado a la inmensa mayoría de los memoriales dedicados a mujeres revolucionarias y antifascistas, proporcionalmente, por encima de cualquier otro artefacto destruido.[28]

Así pues, vemos cómo son destruidos todos aquellos monumentos que los movimientos revolucionarios y de liberación nacional construyeron en el marco de proyectos políticos emancipadores. Está claro que otros monumentos, o unas ruinas con las que la burguesía imperialista se identifica, siempre gozarán de mayor interés en su protección. Pero, si bien lo

---

28 Sanja Horvatinčić, «Memorijalna baština i strategije otpora normalizacijskom diskursu zaborava u Hrvatsko»; Društvo arhitekata Istre, Društva arhitekata Istre, Pula, Zbornik godišnjih aktivnosti, 2018. pp. 59-73. https://www.croris.hr/crosbi/publikacija/prilog-knjiga/65998.

que aquí observamos es el despliegue de la violencia del Estado y sus aparatos contra los monumentos en los contextos donde se desea desarrollar una labor extractivista, de explotación, de destrucción de alternativas políticas a la colonial, liberal y democrática burguesa, el Estado también tiene otras maneras de someter.

Como teorizó el filósofo francés Louis Althusser, para poder entender el Estado es indispensable no sólo atender a su aparato represivo. El gobierno y su administración ejercen violencia acompañados del ejército, la policía, los tribunales, las cárceles. Pero en ese ejercicio de la violencia física no está toda la represión. Junto a esta violencia, habría formas de represión no física, muy disimuladas, que se despliegan a través de lo que Althusser llamó los aparatos ideológicos del Estado. Escuelas, familias, iglesias, partidos políticos, medios de comunicación, editoriales, sector cultural… es decir, instituciones u organizaciones que forman parte indisociable del sistema y que materializan la ideología de la clase dominante a través del poder del Estado, asegurando así sus funciones materiales y su reproducción.[29] Y esa materialización tiene lugar en soportes reales

---

29 Louis Althusser, *Sobre la reproducción*, Madrid, Akal, 2015.

y materiales, como pueden ser los monumentos. Si bien esto es más o menos evidente en los monumentos tradicionales, ¿por qué no aplicarlo a los menos convencionales? Ha sido a través de académicos, organizaciones de derechos humanos, artistas, programas de becas…, es decir, a través de todo el aparato ideológico estatal, que se ha concretado una de las prácticas más malentendidas y que, sin embargo, aseguran la reproducción del sistema en el que vivimos: los contramonumentos.

6. La ideología del contramonumento

En todos los relatos acerca de qué es un contramonumento encontramos un nombre: James E. Young. Young es autor de *La textura de la memoria* (1993) donde desarrolla el término analizando monumentos en Alemania, Polonia e Israel. Pero Young no es un agente académico inocente y su trabajo debe conectarse con agendas políticas muy concretas. Realiza una teorización que no es ni inocente ni científica acerca de la construcción de memoriales a las víctimas basados en estéticas posminimalistas. Su defensa de una estética basada en la negatividad dedicada a conmemorar a las víctimas del Holocausto entronca con los textos sagrados, y considera la idea de contramonumento como negación de la ilusión de permanencia tradicionalmente asociada a los monumentos. No considera en ningún momento que el contramonumento niegue la memoria, ni la idea misma de monumento. Por el contrario, considerando que el monumento por sí mismo no tiene valor más que como piedra en el paisaje, reconoce que cuando empieza a tenerlo es cuando forma parte de los ritos de una nación o es objeto de peregrinación nacional de un pueblo, y que sólo así están revestidos del alma y de la memoria nacionales.

Pese a lo que muchos pueden creer al leer la palabra contramonumento, Young defiende que este tipo de formas no vienen a acabar con la idea de monumento, sino a renovarla. Les asigna valor no por su carácter plástico sino por su función contemporánea de crear un espíritu nacional. Pese a que su trabajo se basa en diversos monumentos construidos con anterioridad a la publicación del texto, para abordar la praxis política de Young y ubicar su lectura ideológica del monumento hay que prestar atención a cómo sus teorías se tradujeron en la decisión del Comité de Selección para el «Monumento a los judíos asesinados de Europa» en Berlín, al que pertenecía.

Yayo Aznar ha recuperado críticamente la historia del concurso en el que se seleccionó el monumento que se iba a construir en Berlín.[30] Aznar señala la coincidencia con el momento en el que se aboga por poner fin al recuerdo constante de los crímenes nazis y que apuesta por el liderazgo internacional de Alemania recuperando el orgullo nacional por primera vez desde el fin de la guerra. Este posicionamiento encajaba perfectamente con la idea de que, pese a los crímenes, los alemanes siempre estuvieron en el lado correcto de la historia en su lucha contra el bolchevismo, ya no sólo durante el tercer Reich, sino tras décadas de compromiso anticomunista de la República Federal Alemana. Por ello, pese a que entre los proyectos aparecieron todo tipo de apuestas radicales de intervención en el espacio y confrontación de la memoria de los crímenes, al final ganó (bajo la tutela de Young) el proyecto de Peter Eisenman. Un monumento en el que, considera Aznar, prevalece el gran relato de la historia que ayudó a «normalizar» el incómodo pasado. Es decir, la idea de que los muertos hablen lo menos posible y queden sólo como nombres notables en un gran relato histórico.

---

30 Yayo Aznar, *Convocar (o no) espectros: monumentos, memoriales y otras formas del desasosiego*, X Curso de introducción al arte contemporáneo. Problemas fundamentales del arte actual, accesible en: https://youtu.be/Ve1-frJPywU?feature=shared.

Monumento a los judíos asesinados de Europa con la Embajada de Estados Unidos al fondo. 2005. Fotografía de Kurt Kaiser, 2019. Dominio público.

El monumento, que fue inaugurado en 2005, es oficialmente «un lugar de recuerdo y conmemoración de los hasta seis millones de víctimas judías del Holocausto». Una gigantesca estructura formada por más de dos mil losas de hormigón que ocupan casi veinte mil metros cuadrados. Complementa en el centro de Berlín un paisaje plagado de otros monumentos fundamentales para la construcción de la imagen de la Alemania prusiana, imperialista y colonial, tales como la Puerta de Brandemburgo y el Reichstag, así como la embajada de los Estados Unidos, aún hoy potencia ocupante de Alemania. Pese a que es un monumento internacionalmente celebrado e imitado, el proyecto estuvo plagado de conflictos desde el inicio. Pero, desde nuestra perspectiva, lo interesante es atender a las condiciones materiales de su producción, y seguir el consejo de Sanja Horvatinčić: rastrear la economía política del contramonumento.[31]

Durante el proceso de construcción del monumento se supo de la implicación de la empresa Degussa. Esta, además de una de las principales corporaciones químicas a nivel mundial, también había sido copropietaria de la Sociedad Alemana para el Control de Plagas (Deutsche Gesellschaft für Schädlingsbekämpfung GmbH) junto al conglomerado IG Farbenindustrie AG. Este grupo empresarial creado en 1925 incluía a compañías como BASF y Bayer. La razón por la que salió a la luz no es porque fueran unas de las empresas fundamentales a través de las que se entiende la relación entre la burguesía y el Estado alemanes que dio lugar a las

---

31 Sanja Horvatinčić, «Monument, territory, and the mediation of war memory in social Yugoslavia», Zivot umjetnosti 96, num. 34, 215.

políticas corporativistas del fascismo alemán, sino que fueron responsables de la producción del gas Zyklon B. Ese gas fue utilizado en las cámaras de gas de los campos de concentración, donde el Estado alemán, en colaboración con las empresas privadas, llevó a cabo el asesinato de millones de personas tras ser sometidas a trabajos forzados para el beneficio de sus industrias. Que casi seis décadas más tarde Degussa contribuyese a la construcción del monumento aplicando Protectosil, un compuesto químico diseñado para proteger las superficies de grafiti, explicitó no solamente la nula sensibilidad de los promotores tras aplicar elementos químicos a los cuerpos pétreos que recordaban a los cuerpos vivos que murieron por el gas producido por el mismo capital. La cuestión principal es que el capital sigue siendo el mismo.

La colaboración corporativista entre el Estado alemán y estas grandes empresas nunca se ha interrumpido. El proyecto nacional y corporativo del fascismo alemán recibió el respaldo de empresarios, entre ellos los vinculados a Degussa y la I.G. Farben. Tras la caída del régimen, fueron precisamente los que sobrevivieron a este sistema y los empresarios que habían colaborado con él quienes continuaron garantizando la expansión de su capital en la República Federal de Alemania. Hoy en día, ese capital sigue proliferando dentro de algunas de las empresas más grandes del país. Por entonces, pese a las protestas, tanto el gobierno como el artista a cargo del monumento respaldaron su uso y lo justificaron, llegando al extremo de que el presidente del Parlamento alemán del momento, Wolfgang Thierse, llegó a afirmar que era imposible excluir a todas las empresas alemanas relacionadas con los crímenes del nazismo sugiriendo que «tenemos que vivir con estas huellas». La cuestión, por tanto, sería dilucidar la lógica detrás del hecho de que corporaciones capitalistas y gobiernos herederos de aquellos crímenes a día de hoy estén promoviendo esta particular forma de interpretar el pasado que son los contramonumentos.

Más allá de estas estructuras económicas que sustentan la construcción del contramonumento existen, además, otras implicaciones a la hora de la recepción de las esculturas por parte de las personas que transitan el espacio en el que se ubican. El artista alemán-israelí Shahak Shapira, en su obra Yolocaust, rastrea las redes sociales en busca de fotografías de turistas tomadas en el Monumento a los judíos asesinados de Europa y que combina con las fotografías tomadas en el momento de la liberación de los campos. Las alegres poses de los turistas son expuestas como una frivolidad que humilla a las personas recordadas en el monumento. De hecho, han surgido constantes quejas respecto a su uso para el *parkour*, encuentros sexuales y todo tipo de acciones que, dado el carácter memorial del complejo, resultan no sólo poco solemnes sino una profunda humillación. Sin embargo, pese al malestar de Shapira, ¿no invita a ello el monumento? No veremos que esto ocurra en los monumentos dedicados a Bismark, Wagner, Goethe, Beethoven, Lessing... en el Tiergarten, a pocos metros del «Monumento a los judíos asesinados de Europa». En este sentido, proponemos mirar a este tipo de contramonumentos como parte del entramado ideológico orquestado por el perpetrador.

Esto queda perfectamente ilustrado en cómo el artista alemán Gunter Demnig, descendiente de un piloto de la Luftwaffe que participó en la Legión Condor, ideó uno de los contramonumentos más populares y más numerosos: las *Stolpersteine* o «piedras de tropiezo». Estos cubos que sustituyen a un adoquín se llevan instalando desde 1992 y en la actualidad hay más de 75 000. En ellos se inscribe el nombre y las fechas relacionadas con el destino de una víctima del nazismo. Se han instalado, generalmente, a las puertas de los lugares donde estas personas vivieron, estudiaron o trabajaron y de donde tuvieron que escapar, o fueron detenidas para su exterminio. Pero en estas obras, tan aclamadas internacionalmente hasta el punto de que hay lista de espera para que el artista las siga instalando, hay un trasfondo siniestro. Existe un carácter subconsciente de relegar a la víctima a un nuevo espacio de depreciación y subalternidad. De hecho, la instalación fue escandalosa para la comunidad judía que no se plegó a las explicaciones del artista y denunció la humillación de que los nombres fueran pisoteados. Tampoco son pisoteados por cualquier persona, sino por la sociedad de los descendientes de los perpetradores que, gracias a su violencia, se aseguraron la posición económica que la acumulación de capitales en aquel entonces hoy les garantiza. Es, por tanto, importante que quienes poseen los medios de producción del recuerdo, comprando y encargando estas piedras al artista desde la iniciativa privada o pública, quieran seguir pisoteando los nombres de aquellos a quienes sus predecesores asesinaron, presumiblemente para recordarles. Pero la perpetración va más allá. En estas piedras se reduce a la persona asesinada a lo que su perpetrador la convirtió, en una víctima. Se borra toda su historia, militancia, agencia políti-

Stolpersteinlage frente a una heladería en Bruchhausen-Vilsen.
Fotografía de Gmbo 2013, 2022. Dominio público.

ca, cultural, social, económica, en vida. Sólo puede ser lo que sus verdugos quisieron y hoy sólo puede ser recordada tal y como quieren los descendientes de sus verdugos.

En contraste, una placa en el lugar en el que ha acontecido la historia puede suponer una forma efectiva de reconstrucción pública. Por ese motivo nadie le presta atención a los cientos de placas que, por ejemplo, en edificios del este de Berlín recuerdan a las víctimas del fascismo: para el sistema son mucho más atractivos los contramonumentos. Y los poderes políticos lo saben bien.

En la placa que acompaña al contramonumento que señala en Berlín el lugar del asesinato de Rosa Luxemburgo en 1919, se lee que ningún desprecio por la vida o brutalidad contra las personas puede ser un medio para la resolución de conflictos; de esta manera es resignificado el asesinato de Luxemburgo. Sin embargo, en *Reforma o revolución* la pensadora y revolucionaria ya había dejado clara su postura ante este dilema. El absolutismo prusiano se combate con la movilización de masas y la insurgencia. El socialismo significa derribar las clases dominantes con toda la brutalidad que el proletariado pueda desarrollar en la lucha. Lucha revolucionaria que demanda sacrificios. Sacrificios que Luxemburgo no rehuía, como demuestra su confesión a Sophie Liebknecht de que esperaba morir, o bien en las barricadas, o en prisión. Este compromiso revolucionario la llevo a la muerte a manos del gobierno socialdemócrata de Friedrich Ebert, primer presidente de la República de Weimar y directo responsable de su asesinato. Hoy, Friedrich Ebert da nombre a la fundación del partido socialdemócrata alemán, el SPD. Pero las palabras de Luxemburgo no dan dar lugar a equívocos. Así que cuando en 2001 la coalición de gobierno en Berlín, formada entonces por el socialdemócrata SPD y la izquierda del PDS, desveló su plan para otro monumento a Rosa Luxemburgo en el centro de la ciudad, la prensa conservadora vio la oportunidad perfecta para desatar la tormenta. Una opositora a la democracia parlamentaria como Luxemburgo y defensora de la dictadura del proletariado no podía, es decir, no tenía derecho a ser memorializada de esta manera.[32] Su muerte, en cambio, sí. Finalmente, el proyecto ganador del monumento a ras de suelo que hoy existe en la Rosa-Luxemburg-Platz de Hans Haacke obe-

---

32 Evelin Wittich, «Debatte um ein Denkmal für Rosa Luxemburg. Reproduktion von Vorurteilen oder Beginn einer differenzierten Geschichtsaneignung?», UTOPIE kreativ, 162, 2004, pp. 301-311.

dece a la estética consensuada de la resignificación e invisibilización propia del contramonumento. El pensamiento de Luxemburgo reflejado en una serie de citas inscritas en el pavimento a la manera de las *Stolpersteine* ya puede ser libremente, literalmente, pisoteado.

Así pues, es crucial subrayar cómo la forma contramonumental invita a la humillación y la despolitización del conflicto, ya que no es para nada casual que su estética formal sea tan cercana a la del corporativismo del *less is more* [menos es más] inaugurada por el arquitecto filonazi Mies van der Rohe en edificios como el Pabellón Alemán para la Exposición Internacional de Barcelona, celebrada en 1929, o en el icónico Seagram Building. La autorreferencialidad de las formas universales puras que se favorece en este tipo de estéticas cancela la complejidad de la realidad material, siempre contradictoria, ofreciendo un espacio de inocuo ensimismamiento.

El del «Monumento a los judíos asesinados de Europa» o las *Stolpersteine* no son casos aislados. Las investigaciones de Anabel Carballo Mesa han señalado también el profundo antigitanismo de los memoriales dedicados al genocidio del pueblo romaní.[33] De nuevo en Alemania, años más tarde de desoír las peticiones a un memorial unitario y no jerarquizante, se aceptó construir monumentos a otros colectivos. Ya que el Consejo Central de Sinti y Romaníes Alemanes ya había solicitado que su colectivo se incluyera en el proyecto del monumento del Holocausto para evitar «jerarquías de víctimas» y sus peticiones fueron desoídas, años más tarde se comenzó a planear un memorial para este colectivo. El gobierno alemán quería que el monumento estuviera dedicado a los «*Zigeuner*», haciendo uso del término despectivo con el que se denomina en Alemania a las personas romaní y sinti, y fue también la palabra utilizada por el Estado alemán para etiquetarlas durante su exterminio. Además, el artista israelí Daniel Karavan, quien ideó la escultura, la redujo a un estanque con un triángulo de piedra en su interior, haciendo uso del símbolo que utilizaban los nazis para identificar a sus víctimas y clasificarlas, un elemento que concuerda con el nombre original del monumento y como memorial ideado por un perpetrador que quiere seguir ejerciendo violencia, sólo que ahora por otros cauces.

---

33 Anna Carballo, «Memòria i antigitanisme: monuments incòmodes», en *Weaving Memory: Public Policies, Mass Graves, and Materialities*, International Conference, Barcelona, 2024.

Hoy, pese a que el monumento quedó relegado a un espacio de visibilidad reducida en un rincón del parque Tiergarten, su entorno natural, y que forma parte del complejo monumental, está en serio peligro de ser irreparablemente dañado debido a la construcción de una nueva línea de tren urbano cuyos planes iniciales contemplaban el completo desmantelamiento del conjunto monumental. Parecería, por tanto, que la voluntad del descendiente del perpetrador no es tanto honrar a quien asesinó, sino recordar y reproducir recurrentemente su poder de perpetración de manera que el asesinado deje de serlo todo, excepto asesinado.

De alguna manera, es lo que vemos cuando este tipo de estéticas contramonumentales se han exportado globalmente, especialmente a lugares donde se han producido conflictos violentos y donde, en un contexto de transición o postransición, el mercado funciona de la mano de un Estado que vela por su estabilidad. En Argentina vimos la construcción del Monumento a las Víctimas del Terrorismo de Estado. Una estructura similar la encontramos en Santiago de Chile: el Memorial a los Desaparecidos y Ejecutados Políticos, con las palabras de un poema de Raúl Zurita: «Todo mi amor está aquí, y se ha quedado pegado a las rocas, al mar, a las montañas…». También desde los años 90 se han multiplicado en el este de Europa: Ucrania, Rusia, Bulgaria, Serbia, Hungría, Croacia… Otra experiencia más reciente es *Fragmentos* de Doris Salcedo en Colombia. Construido en 2017, este denominado contramonumento se realizó con la fundición de las armas depuestas por las Fuerzas Armadas Revolucionarias de Colombia – Ejército del Pueblo. Con las armas,

Contramonumento «Fragmentos» de Doris Salcedo. 2018.
Fotografía de Anfecaro, 2024. Dominio público.

que durante décadas usaron en la guerra contra el Estado, los paramilitares y el avance del capital en el territorio colombiano, se crea un gran suelo para ser pisado o, como se diría hoy, para ser «habitado».

Muchos de estos proyectos han venido de la mano de asesores internacionales como el mismo James E. Young, quien participó en la comisión que asesoró al Gobierno de la República Argentina, o los numerosos programas que el Ministerio de Exteriores de la República Federal Alemana tiene en estos países dedicados a fomentar la cultura de la memoria. Pero lo que encontramos antes de la construcción del contramonumento es la violencia, no en abstracto sino concreta. Violencia que el capital, el Estado y las potencias imperialistas desplegaron contra experimentos socialistas como el de la Unidad Popular en Chile, el de la lucha antiimperialista y revolucionaria durante décadas en Colombia, o el del socialismo real en el este de Europa.

Contramonumentos que se construyeron tras el asesinato sistemático de militantes socialistas y comunistas, revolucionarios y sindicalistas, o a partir del desmantelamiento de la propiedad social como en el caso de los países socialistas. En ellos, la aplicación de la agenda neoliberal y la acumulación de capital en manos privadas, en lo que Naomi Klein ha denominado «doctrinas del *shock*»,[34] vino de la mano de la violencia empleada para acabar con los movimientos obreros y aniquilar su oposición organizada en partidos y sindicatos. Como la parte simbólica de la doctrina del *shock*, en el contramonumento no recordamos la agencia revolucionaria en vida de las personas asesinadas, o su rol social, cultural, económico, por el cual eran problemáticas para el régimen que las asesinó.

Como planteaba Althusser, si la del asesinato es la violencia que asociamos a los aparatos represivos del Estado, tras su implementación tenemos otra violencia que es la de los aparatos ideológicos que toma su existencia material en formas como los memoriales de estética contramonumental. En ellos, lo que se concreta es la narrativa que las clases dirigentes han orquestado tras la caída de la Unión Soviética, su autoproclamado fin de la historia y el establecimiento del capitalismo real del que hablaba Mark Fisher, en el que no hay alternativa posible a la del consenso liberal democrático acompañado de la

---

34 Naomi Klein, *La doctrina del shock*, La Habana, Editorial de Ciencias Sociales, 2016.

economía de mercado,[35] un contexto marcado por las políticas identitarias (mal entendidas como diría Asad Haider), pero pensadas por Francis Fukuyama como el nuevo motor de la historia, en el cual la dialéctica no está marcada por la cuestión económica sino por la superposición de las demandas de dignidad y reconocimiento de la ciudadanía de pleno derecho (o sea, de pleno derecho según la conceptualización de los derechos burgueses). El estadounidense las denomina políticas de resentimiento.[36] Han convertido las «heridas» a cerrar en la base de la identidad que, como defiende Wendy Brown, ha acabado legitimando al Estado y generando una dependencia del mismo: dependemos de su protección.[37] Un Estado que, aunque siga disfrutando del monopolio de la violencia, sería el encargado, en el marco de estas políticas, de conceder el estatus de víctima a los grupos sociales agraviados (a los que se les construye, por ejemplo, un memorial de estética contramonumental) y, de esta manera, se alza como protector. Así, el Estado y sus aparatos ideo-

35 Mark Fisher, *Realismo capitalista*, Buenos Aires, Caja Negra, 2016.

36 Francis Fukuyama, *Identidad: La demanda de dignidad y las políticas de resentimiento*, Barcelona, Deusto, 2019.

37 Wendy Brown, *Estados del agravio. Poder y libertad en la modernidad tardía*, Madrid, Lengua de Trapo, 2019.

lógicos han generado toda una serie de instituciones que velan y salvaguardan la memoria, creando y
deshaciendo víctimas. Y en ese panteón, vinculado
a la referida por Enzo Traverso como religión civil
del Holocausto, el individuo pasivo, despolitizado,
sufriente, que sin embargo ha sido víctima del mal
absoluto, abstracto y desmedido, es la máxima a
alcanzar.

En los contramonumentos y en la cultura de la memoria actual, la víctima sólo puede ser víctima. Nunca tuvo agencia política previa. Slavoj Žižek denuncia
esta despolitización del Holocausto, de su elevación
al abisal Mal Absoluto, pues tendría evidentes funciones ideológicas. Žižek sostiene que dar crédito
a las teorías de odio irracional y libremente elegido
contra los judíos sería dar crédito al propio discurso
del nazismo.[38] Pero, además, dar crédito a este último sería omitir los intereses económicos del corporativismo alemán. Aquí cobran sentido las lecturas
que vienen de la mano del contramonumento: estar
siempre atentos a las señales de advertencia de un
posible giro hacia el genocidio, del que parece que
sólo nos podremos salvar reafirmando el respeto por

---

38 Slavoj Žižek, *¿Quién dijo totalitarismo? Cinco intervenciones sobre el
(mal)uso de una noción*, Valencia, Pretextos, 2002.

la vida humana individual, la dignidad y la libertad, por los derechos humanos y por un Estado de derecho acompañado, claro, de la economía de mercado, sin importar que se esté produciendo un genocidio en terceros países o en las mismas fronteras. Se presenta así una visión completamente despolitizada de la violencia recordada, en la que paradójicamente los Estados que cometieron los crímenes de ayer deben ofrecer la garantía de no repetirlos combatiendo así todo «totalitarismo».

No obstante, para Žižek, la idea de totalitarismo es una concepción enteramente ideológica cuya función es obvia: garantizar la hegemonía liberal-democrática desacreditando cualquier crítica a la democracia liberal desde la izquierda, equiparando las alternativas radicales de esta última como gemelas del fascismo de derechas. En su desmontaje del trabajo de Hannah Arendt, Domenico Losurdo destapa la farsa: todas las características atribuidas a la idea de totalitarismo en Arendt son atribuibles al imperialismo estadounidense y británico, de manera que al hacer uso de esa noción no se hace sino ocultar los crímenes sistemáticos que ejerce el capitalismo y el imperialismo.[39]

39 Domenico Losurdo, «Towards a Critique of the Category of To-

Esta ideología es la que toma forma en el contramonumento, en el que la víctima se ve confinada a una representación plástica que enfatiza su posición subalterna en el espacio público. Cuando los grupos victimizados logran levantarse y obtienen los medios para erigir sus propios monumentos, las representaciones realistas o las que expresan honor no son aceptadas desde una perspectiva liberal: al contrario, han sido bombardeadas y destruidas en el marco de las agresiones imperialistas y golpes de estado patrocinados por Occidente. Por ello, en el contramonumento debemos ver un frente cultural en el que la represión ya no es directamente violenta. Su adopción como estética para los movimientos sociales emancipadores victimizados es profundamente ideológica. En este sentido, la memoria y sus contramonumentos no generarían una verdadera conciencia del pasado, sino que servirían como vehículo para una ideología contemporánea por la cual se ven lapidados, petrificados, convirtiendo la experiencia de lucha en recuerdo traumático de la derrota. La nostalgia por la derrota expresada en estos monumentos no es, por tanto, sino ideología. Seducidos por la elocuencia de

talitarianism», en *Historical Materialism*, 12, núm. 12, pp. 25–55, accesible en castellano en https://nochedelmundo.wordpress.com/2020/01/12/para-una-critica-de-la-categoria-de-totalitarismo-domenico-losurdo/.

James E. Young y sus acólitos, fascinados por las formas inteligentes y a la altura de las demandas del sistema del arte que los creadores ofrecen con sus proyectos contramonumentales, los intelectuales progresistas, las instituciones académicas, las revistas, los museos y las editoriales han pasado por alto el profundo agravio comparativo que generan estas estructuras relegadas a un espacio de subalternidad, en contraste con otros monumentos construidos en la misma época en el espacio público.

7. El retorno de los grandes hombres

En la República Federal de Alemania, que en la década de 1990 comenzó a crear contramonumentos a las víctimas del Holocausto, se produjo simultáneamente un auge de los monumentos que reproducían las antiguas formas imperiales prusianas. Los mismos dueños del capital económico y de la memoria promoverían, coincidentemente, monumentos tradicionales a entidades que juzgaban merecedoras de tales formas. La puerta de Brandenburgo y el Reichstag fueron reconstruidos para gloria de la nación alemana a pocos metros del memorial a sus víctimas, en una ola nacionalista que recorrió todo el país.

Los monumentos a los grandes hombres de la historia alemana se multiplicaron por todo el territorio, ocupando pedestales con formas decimonónicas. El nacionalismo alemán vino de la mano de la colaboración publico-privada tan característica del Estado corporativista que aupó el fascismo en los años 30. Así, monumentos como el Deutsches Eck, en la confluencia entre el Mosela y el Rin en Koblenz, fueron reconstruidos. Aquel monumento descrito por Guillaume Apollinaire como «macabro y gigantesco», que fue fundamental para la conmemoración del imperialismo prusiano y más tarde para los eventos de masas del partido nazi, había sido bombardeado por el ejército estadounidense durante la II Guerra Mundial y, tras una tentativa de desmantelamiento de sus restos por la Francia victoriosa y ocupante, se dejó en abandono colocando la bandera republicana alemana en el lugar donde antes se alzaba el Kaiser Guillermo I. Por una iniciativa empresarial privada, pero apoyada por el Estado, se recuperó este icono del imperialismo alemán en un fidedigno pastiche completamente monumental. Como este, también se reconstruyeron otros monumentos dedicados al Kaiser, bombardeados y destruidos durante la II Guerra Mundial como los de Wilhelmshaven o Colonia.

Al igual que ha ocurrido en Alemania, en Europa del Este, mientras la literatura progresista considera

Reconstrucción del monumento del káiser Guillermo I en la Deutsches Eck o «Esquina Alemana». Fotografía de Kowelenzer, 1993. Dominio público.

obsoletos los monumentos soviéticos y ve su derribo como la inevitable dialéctica de la historia, no ha levantado ninguna sospecha que esos espacios urbanos centrales ahora estén ocupados también por pastiches nacionalistas. Hoy vemos cómo Pedro el Grande domina el espacio urbano moscovita, donde también se reconstruyó la monumental Catedral de Cristo Salvador dinamitada durante el gobierno de Stalin, o cómo el colaboracionista nazi y nacionalista ucraniano Stepan Bandera es recordado en Ucrania.

Paradójicamente, estos espacios en los que la democracia había llegado de la mano del recuerdo democrático del contramonumento dedicado a las víctimas, se invierte gran esfuerzo en la construcción de monumentos tradicionales que recuperen las glorias del imperio o de la nación, mientras, en lo económico, se abrazan las privatizaciones masivas y la conversión de la propiedad social en una economía de mercado en las manos de oligarcas y corporaciones transnacionales. En su crítica materialista a la memoria, Gal Kirn habla de cómo en estos contextos se ha dado la doble acumulación de capital económico y memoria, algo que vemos aquí claramente materializado.[40]

Pero esta fiebre monumental nacionalista y reaccionaria no se circunscribe sólo a Alemania y al este de Europa, también está presente en la Europa occidental. La llamada «estatuamanía democrática» que llenó Francia en el siglo XIX con monumentos a los «grandes hombres» (pensadores, mártires, científicos, educadores, militares) así como a la República que sustituyó a la monarquía, fue abrazada de nuevo en los años 80 y 90 por François Mitterrand y su minis-

---

40 Gal Kirn, «The primitive accumulation of capital and memory»: Mnemonic wars as national reconciliation discourse in (post-)Yugoslavia. *Memory Studies*, 15, núm. 6, 2022, pp. 1470-1483, https://doi.org/10.1177/17506980221133724.

tro de Cultura Jack Lang para «resucitar la creación en el campo de las artes plásticas al tiempo que se transmitían órdenes públicas». Ocurre igualmente en el Reino Unido, donde uno de los casos más escandalosos fue la construcción del Bomber Command

Monumento al RAF Bomber Command. 2012. Fotografía de kitmasterbloke, 2024. Creative Commons Attribution 2.0 Generic.

Memorial en Londres dedicado a los aviadores del Mando de Bombarderos de la RAF que perdieron la vida durante la II Guerra Mundial (y a los que se acusa de bombardeo sistemático de población civil en lo que a todas las luces constituye un crimen de guerra). El monumento fue inaugurado por la reina Isabel II en 2012, en el céntrico Green Park. También se ha visto en Madrid, donde no sólo tenemos desde 1997 el monumento a Carlos III, que parece eterno, y que se ubica en el centro de Sol, kilómetro cero de la red de carreteras española. Los conocidos como «últimos de Filipinas», soldados del ejército colonial español, y la Legión Española, fuerza creada para las campañas coloniales en Marruecos, hoy tienen nuevos monumentos en las principales avenidas de la ciudad. Son esculturas figurativas, con sus pedestales, gracias a una iniciativa también público-privada, pero que contó en su inauguración con la alcaldía y representantes de las fuerzas armadas.

Mientras tanto, en la misma ciudad y paradójicamente saliendo de la misma fundición, se inauguró un monumento de estilo contramonumental cuyo epitafio reza: «El pueblo de Madrid a todos los madrileños que, entre 1936 y 1944, sufrieron la violencia por razones políticas, ideológicas o por sus creencias religiosas. Paz, piedad y perdón». Ideado en origen para las «víctimas del franquismo», el monumento fue relegado al ostracismo urbano, a la entrada lateral de un cementerio (pese a que el monumento no acoge cuerpo alguno). A este proyecto lo acompañó otra escultura abstracta, hoy usada por los viandantes a modo de banco o para dormir la siesta, denominada Monumento en memoria de los madrileños deportados a Mauthausen, que está ubicada en una pequeña plaza escondida y sin tránsito sobre un garaje municipal.

Mientras tanto, en París, el «Memorial de la Shoah» también ha quedado relegado a un minimalista muro de piedra y la estrella de David… pero ubicada bajo tierra. Al igual que el gobierno también ha decidido relegar bajo tierra el «Memorial de la abolición de la esclavitud» de Nantes, ciudad fundamental para el tráfico de esclavos y la acumulación de capitales en el expolio transatlántico. Algunos dirán que, al menos, tienen memoriales.

En Londres, el que será el memorial a las víctimas de la esclavitud ha sido recientemente desvelado: «The Wake», del artista Khaleb Brooks. La escultura, que representa un cauri de bronce de casi siete metros de altura, está proyectada para 2026 y será ubicada frente al Museo de los muelles de Londres, en West India Quay, una zona históricamente vinculada a la esclavitud trasatlántica y que hoy se encuentra profundamente gentrificada y dominada por esos monumentos del capital financiero que son sus torres de cristal posminimalistas, contra las que difícilmente puede rivalizar la relativamente humilde concha cauri.

Por tanto, la sospecha debe llevar a los movimientos sociales no tanto a reclamar contramonumentos, sino a reconocer el agravio comparativo que se produce entre ellos y los monumentos, y a reconocer la trampa que supone creer que la solución a la memoria puede ser formal (con un contramonumento o resignificación, por ejemplo) y no estructural. Porque mientras las élites se han robado el debate y distraído la atención, el Estado, el ejército, la iglesia y la burguesía no han dejado de trabajar para recuperar sus monumentos y crear nuevos con sus buenos pedestales.

8. La reconstrucción de la historia y la trampa de la resignificación

En el momento en el que el Estado Islámico dinamita las ruinas romanas de la antigua ciudad de Palmira en 2015, el académico alemán Horst Bredekamp publica un panfleto en el que defiende la reconstrucción del patrimonio romano en Palmira y descalifica al Estado Islámico por su intento de transformar la historia.[41] Como para la burguesía humanista e ilustrada siglos atrás, para Bredekamp Palmira es un ejemplo de tolerancia y convivencia de culturas contra las que se habría dirigido la deliberada y performativa iconoclasia del Estado Islámico, interesado en la producción de imágenes espectaculares en las que se ejecu-

---

41 Horst Bredekamp, *Das Beispiel Palmyra*, Colonia, Walther König, 2016.

ta a la historia. Pero la historia que Bredekamp reproduce es tremendamente sesgada, ocultando que mucho de aquello que se admira como las ruinas de Palmira fue producto del imperialismo romano. Bredekamp se imagina reconstruir Palmira como una forma de combatir el terror de la organización; y con la reconstrucción de las ruinas se propone erigir un nuevo original que se reproduce decididamente ante estos hechos. Frente a la destrucción de la historia, su reconstrucción fidedigna afirma su infalibilidad.

El original al que Bredekamp apela se hizo realidad en Berlín pocos años después. En la capital alemana, la reconstrucción del antiguo Palacio Real (Stadtschloss) de los reyes prusianos y káiseres alemanes, y de la que Bredekamp es uno de sus más ardientes defensores, es un ejemplo característico de reconstrucción fidedigna con fines políticos. Lo que aquí está en juego es la conquista ideológica de la historia.[42] La reconstrucción del Palacio Real en el centro de la capital alemana es hoy, quizás, el ejemplo más significativo de revisionismo y re-

---

42 José María Durán Medraño, «The ideological conquest of history; or what people do when they erect, demolish and occupy monuments?», en Daniel Palacios González y José María Durán Medraño, *Redefining Monuments*, Londres, Palgrave, 2025.

Vista del Humboldt Forum desde la Catedral de Berlín. Fotografía de Flocci Nivis, 2024. Creative Commons Attribution 4.0 International license.

significación histórica en Europa. El edificio, que había quedado en un estado ruinoso después de los bombardeos aliados durante la II Guerra Mundial, fue dinamitado por las autoridades de Berlín Este en 1950. Los acontecimientos históricos sirven como pretexto para acometer una reconstrucción que resucita el pasado prusiano e imperial que emblemáticamente el edificio incorpora, y con el que de buena gana se identifica desde la derecha liberal a la neofascista.

La construcción de este palacio barroco, muy cerca de la emblemática Alexanderplatz y frente a la conocida Isla de los Museos, no ha estado exenta de polémicas desde que el 4 de julio de 2002 el Parlamento alemán votase en favor de su reconstrucción después de evaluar los informes de la comisión de expertos. Para sus defensores, la reconstrucción ha supuesto cerrar la herida abierta causada por los bombardeos aliados y el peculiar urbanismo de la República Democrática Alemana, cuyas deudas con el pasado eran de una índole bien diferente a las de la nueva república nacida de la caída del Muro de Berlín.[43] Sin embargo, como ha señalado el arquitecto y teórico Philipp Oswalt, con la reconstrucción que se lleva a cabo ya no se trata simplemente de la reparación de lo que había sido dañado por la guerra. Estamos ante una revisión arquitectónica de mayor calado, que tiene en la reconstrucción del Palacio Real su edificio más emblemático, aunque en absoluto sea el único caso. En la cercana ciudad de Potsdam, la reconstrucción de la Iglesia de la Guar-

---

43 Alán Carrasco González, «Los pedestales vacantes. Organización simbólica del espacio público, memoria colectiva e iconoclastia alrededor de la Leninplatz de Berlín. 1949-1991», Tesis Doctoral, Barcelona, Universitat de Barcelona, 2024.

nición se ha convertido en un caballo de batalla para la extrema derecha.[44]

El revisionismo histórico-político al que apuntan estos procesos no tiene precedentes. Se trata de la misma lógica que ha animado al primer ministro indio Modi a levantar el templo dedicado a Ram en el lugar en el que en 1992 nacionalistas hindúes habían destruido una mezquita del siglo XVI que, supuestamente, se había erigido sobre los restos de un antiguo templo hindú.

Tras la caída del Muro de Berlín, para la República Federal Alemana unificada la resignificación del espacio público en términos de unidad nacional y reparación se presentó como una urgente necesidad coyuntural. En Berlín, el urbanista Hans Stimmann, quien ocupó en los cruciales años 90 los cargos de Director de Edificaciones y Secretario de Estado de Planificación Urbana, concibe el plan de desarrollo para el centro de la ciudad que consiste en una reinterpretación de la memoria histórica urbana, pero se trata de una memoria selectiva. Stimmann fomenta una arquitectura de piedra capaz de crear memoria, una arquitectura

---

44 Philipp Oswalt, *Bauen am nationalen Haus. Architektur als Identitätspolitik*, Berlín, Berenberg, 2023.

de líneas rectas, recatada y disciplinada, en definitiva, una arquitectura prusiana que muestre vigor y energía, las características que el muy conservador historiador del arte británico Sir Kenneth Clark le pedía a la civilización frente a la barbarie.[45]

No resulta extraño que durante esta época el Berlín unificado estuviese gobernado por la derecha de la Unión Demócrata Cristiana (CDU). La CDU fue, sin duda, el partido que más celebró la reunificación que le dio un nuevo aliento al proyecto neoliberal que se había iniciado en 1982 con el canciller Helmut Kohl. Fueron los tiempos de una nueva doctrina del *shock* y de un nuevo periodo de acumulación capitalista que tuvo en los mercados liberados de la Europa del Este su terreno más fértil. En los años 90 se ponen las bases para el revisionismo histórico-arquitectónico y la espectacular gentrificación de los barrios del centro urbano que han caracterizado el Berlín de las primeras décadas del siglo XXI. Se protege, a la vez que la reconstrucción y la reparación va destruyendo lo que incomoda, aquello que se considera que no constituye una «cita óptima» del pasado.

---

45 Kenneth Clark, *Civilisation*, Londres, BBC, 1969.

La reconstrucción del Palacio Real culmina en mayo de 2020 con la instalación de la cúpula que se corona con una cruz cristiana. En un edificio que, en la actualidad, funciona como espacio expositivo y de entretenimiento, y en un Estado oficialmente secular, la instalación de la cruz se justifica aludiendo a que históricamente el espacio interior de la cúpula se utilizaba como capilla palaciega. Pero con la instalación aún no se había dicho la última palabra. En marzo de 2024, ocho estatuas de profetas del Antiguo Testamento se emplazaron alrededor del tambor octogonal de la misma. Todo ello como parte de un proyecto de reconstrucción fidedigna financiado, en parte, con fondos privados. Se han invertido 680 millones de euros en la reconstrucción de este masivo edificio con una superficie bruta de más de 95 000 m². Los costes de mantenimiento prometen ser mayores.

En la entrada a uno de los patios se han instalado placas con las que se quiere rendir homenaje a los principales donantes privados. Antes habían sido medallones que hoy se han retirado. Uno de ellos llevaba el nombre de Ehrhardt Bödecker, banquero dedicado a la gestión de patrimonios privados y experto en la historia de Prusia fallecido en 2016. Pero Bödecker, que llegó a recaudar 105 millones de euros para la reconstrucción de la fachada principal del edificio, fue desenmascarado como negacionista y antisemita después de un polémico artículo publicado en 2021. Moralmente obligados a aclarar donaciones tan turbias, el informe encargado por la fundación que administra el edificio concluyó un año después que si bien los escritos de Bödecker no son abiertamente hostiles al pueblo judío sí existen en ellos suficientes elementos que apuntan a patrones antisemitas y a la relativización y exoneración de los crímenes nazis. Bödecker exculpa a Alemania de racismo y antisemitismo que considera lamentables importaciones británicas y estadounidenses, y señala la época del Imperio por su valor histórico-moral. El bochorno causado fue considerable.

La polémica abierta por las donaciones privadas apunta a la injerencia de la esfera fascista, nacionalista e identitaria como significativos donantes privados, aunque la Förderverein Berliner Schloss, la asociación de mecenas y patrocinadores, simplemente los identifica como personas de ideología conservadora. En un país en el que toda simbología que haga referencia al pasado nacionalsocialista está prohibida y perseguida por ley, el fascismo se cuela por la puerta de atrás que se ha dejado convenientemente entreabierta: orgullo por el pasado nacional e imperial. Este orgullo tuvo un comienzo idílico, aunque perfectamente calculado: la Copa del Mundo de Fútbol celebrada en Alemania en 2006. La propaganda inyectó ánimos en la hinchada que, por primera vez, llenó las calles con banderas alemanas. El tercer puesto alcanzado por un equipo alemán de medio pelo se interpretó como el esfuerzo de una nación unida capaz de superar las adversidades. Alemania podía estar otra vez orgullosa de su identidad, resurgiendo una vez más de sus cenizas.

Más allá de la ideología particular de los donantes privados, es interesante observar cómo la administración del Palacio Real los ensalza como sociedad civil. Una sociedad civil como la que representa Maren Otto, viuda multimillonaria del empresario Werner Otto (Otto Group), que generosamente aportó la necesaria financiación para la reconstrucción de la cruz cristiana que corona la cúpula del palacio. Esta es la sociedad civil comprometida en la reconstrucción de una parte importante del legado histórico alemán y de la ciudad. Gracias a su compromiso se le devuelve a Berlín su legítimo centro histórico. Vemos claramente cómo el compromiso de la sociedad civil que se ensalza es el compromiso del dinero y, de esta manera, las poblaciones trabajadoras, precarias, pobres y migrantes cuyas preocupaciones son más inmediatas nunca serán comprometidas. El modelo que se promueve es el de la burguesía emprendedora.

Esta es la burguesía cuya curiosidad cosmopolita hizo posible que hoy Berlín albergue la que probablemente sea la mayor colección de artefactos etnográficos del mundo. Además de exposiciones que tematizan la historia del lugar y la de la ciudad, una de las funciones principales del reconstruido Palacio Real es la de acoger las Colecciones Etnológicas y el Museo de Arte Asiático. El edifico se renombra y pasa a denominarse Humboldt Forum. De esta manera, la reparación histórica se completa con la resignificación de la historia y el lugar de los agresores —la monarquía prusiana y el Imperio Alemán cuyo Stadtschloss fue un lugar central en la política expansionista germana y la infame Kongokonferenz de 1884 que decidió el reparto de África entre las potencias coloniales europeas— se transforma en un lugar de victimización y control de daños, un espacio de culpa y reparación típico del modelo de memoria hegemónico en Alemania. El museo proyecta los objetos de las colecciones que alberga como sombras de sus auténticos protagonistas que han sido despojados. Obliga a las víctimas del genocidio a reconocer los esfuerzos de los perpetradores por contar la historia y, por ende, las obliga a reconocer su propio fracaso que el museo hace, de esta manera, dramáticamente visible.[46] El aforismo de Walter Benjamin sirve de legitimación: «no hay documento de cultura que no sea al mismo tiempo documento de barbarie». Pero se obvia lo que el propio Benjamin advertía: que si el documento de cultura se contempla ajeno al proceso histórico-material en el que perdura, sirve de apoteosis a este último, por bárbaro que pueda ser.[47] En un entorno absolutamente fetichizado, el museo dispensa el momento colonial-imperial para adoptar el gesto decolonial que aborta al mismo instante de adoptarlo.

Prusia y el Imperio se han convertido en los modelos de legitimación histórica: modelos tanto en lo político como en lo simbólico. Una de las partes más polémicas del Palacio Real ha sido la inscripción que circunda la cúpula. Se trata de dos citas de la Biblia reescritas por el rey Federico Guillermo IV con

---

46 Bénédicte Savoy, *Afrikas Kampf um seine Kunst. Geschichte einer postkolonialen Niederlage*, Múnich, C.H. Beck, 2021.

47 Walter Benjamin, *Libro de los Pasajes*, Madrid, Akal, 2005.

ocasión de su consagración en 1854. El propio diseño de la cúpula parte de un bosquejo del monarca adaptado por el gran arquitecto del neoclasicismo alemán Karl Friedrich Schinkel.

> No hay salvación en ningún otro nombre dado a los hombres, sino en el nombre de Jesús, para gloria de Dios Padre. Que ante el nombre de Jesús doblen sus rodillas los que están en el Cielo, la tierra y debajo de ella.

La inscripción se trata de una advertencia. Una advertencia que tenía como objeto los sublevados durante la revolución democrático-burguesa de 1848/49 y que terminó con la dura intervención del ejército prusiano. En Berlín, durante la conocida como Märzrevolution (marzo de 1848), se levantan barricadas mientras los manifestantes marchan sobre el Palacio Real. En los acontecimientos del 18 y 19 de marzo y bajo la orden del rey Federico Guillermo de «limpiar» la plaza mueren 270 personas. Los sublevados cargan los cuerpos hasta el patio del palacio acusando directamente al rey, quien se ve obligado a honrar a los muertos y aceptar su responsabilidad en la masacre. La inscripción de la cúpula es revanchismo ante la humillación sufrida, se trata de una advertencia. Sin embargo, ante las críticas recibidas expertos y defensores de la reconstrucción fidedigna responden con el pretexto de la fidelidad a la historia y la oportunidad de iniciar un debate que la propia reconstrucción del Palacio Real estaría originando. Se proponen intervenciones artísticas para resignificar la inscripción. Ninguna de estas ideas se ha llevado a cabo.

Las aspiraciones democráticas de la revolución de 1848 quedarían enterradas bajo la hegemonía prusiana que pronto se convertirá en Imperio. El *Drang nach Osten* [impulso hacia el Este], que caracterizó el expansionismo prusiano favorecido por la derrota de Napoleón y el nuevo reparto del mapa europeo en el Congreso de Viena de 1814, continuó durante la época imperial con los sueños expansionistas que quedaron prefigurados en publicaciones como *Mitteleuropa*, en donde el político y teólogo Friedrich Naumann (que hoy le da nombre a la fundación del partido liberal alemán FDP) propone una integración de naturaleza económica bajo hegemonía de las potencias centrales europeas, esencialmente Alemania, y que abarcaría gran parte de la Europa central y sudoriental (los Balcanes y Grecia), llegando a Anatolia e incluso hasta el Golfo Pérsico. En un sentido orgánico y típicamente holística, al menos en la dirección que tomaría el término cuando el político y estratega sudafricano Jan Smuts lo acuña en 1926 en referencia a la Commonwealth como expresión de la hegemonía imperial británica, se trataba de crear lo que el antropólogo Michael Herzfeld ha denominado «cripto-colonias» sometidas a la hegemonía económica, político-militar y moral de Alemania.[48] Los planes expansionistas en África, Oriente Medio y la Europa del Este se frustrarían con la derrota en la I Guerra Mundial, aunque el nazismo los intentaría resucitar con su política del «espacio vital» (*Lebensraum*). La nación alemana moderna, la nación-estado alemana, se entiende a partir de aquí: con el expansionismo prusiano, el Imperio, la partición de África y la I Guerra Mundial.

Sin embargo, el clima revolucionario de 1848 inspirará una obra fundamental: el *Manifiesto comunista* de Marx y Engels. En esta obra se ponen las bases de un tiempo histórico diferente que hoy se entierra bajo la enorme masa del Palacio Real reconstruido. Al otro lado del canal que separa el Palacio Real del conjunto urbano de la Alexanderplatz se encuentra un foro mucho más modesto. En

---

48 Michael, Herzfeld, «The Absence Presence: Discourses of Crypto-Colonialism», *South Atlantic Quarterly*, 101, núm. 4, 2002, pp. 899-926; Mark Terkessidis, *Wessen Erinnerung zählt? Koloniale Vergangenheit und Rassismus heute*, Hamburgo, Hoffmann und Campe, 2019.

el Marx-Engels Forum las fotografías que decoran las cuatro estelas de acero inoxidable cuentan una historia muy diferente: es la historia del movimiento obrero, de la lucha contra el fascismo y el imperialismo. A un lado del canal, la lucha del movimiento obrero y la de los pueblos por su emancipación. Al otro lado, fetichismo y revisionismo histórico.

La reconstrucción y resignificación del Palacio Real es producto de una coyuntura que busca salvaguardar el alma de la sociedad y la historia. Se apunta a la reparación de la deuda histórica y se restaura el tiempo histórico perdido, el orden natural de las cosas que, como había señalado Fukuyama en *El fin de la historia*, conduce inevitablemente al capitalismo y a la democracia liberal. Este orden había sido radicalmente cuestionado durante el turbulento siglo XX que lleva a la partición de Alemania y a esa anomalía histórica que supuso la República Democrática Alemana. De ahí que se monumentalice su desaparición como en el caso del balancín gigante que se instala frente a la fachada principal del Palacio Real: «Bürger in Bewegung» [Ciudadanía en movimiento], y con el que se quiere conmemorar la revolución pacífica de 1989 que condujo a la reunificación alemana. La continuidad histórica que la reconstrucción del Palacio Real busca crear se erige sobre una concepción selectiva de la historia y la omisión de historias a las que se les niega el derecho a existir. Su reconstrucción es la conciencia de semejante apropiación.

9. Espacio público en disputa

Tanto el contramonumento como la resignificación no van más allá de la ideología que los anima, que no es otra que la de situar el monumento en un terreno en el que reina el consenso democrático burgués. Es retomado por quienes están convencidos de las cualidades «dialógicas» que el contramonumento poseería *per se*. Se contrapone a intervenciones escultóricas que típicamente se caracterizan como del Antiguo Régimen o se generalizan como estatuas heroicas autoengrandecedoras. Las estatuas son el problema, escribe la popular autora británica Alex von Tunzelmann en *Fallen Idols* [Ídolos caídos]. Tunzelmann está mucho más interesada en las *Stolpersteine*.[49] Por ejemplo, en el Monumento

49 Alex von Tunzelmann, *Fallen Idols*, Londres, Headline, 2021.

Conmemorativo a los soldados soviéticos caídos durante la Batalla de Berlín al final de la II Guerra Mundial, finalizado en 1949 y situado en el berlinés parque de Treptow, las informaciones adyacentes que explican la historia del conjunto monumental y su conservación se centran en una crítica al estilo artístico que se califica de típico del culto al líder y propio del terror estalinista. A éste se le contrapone la estética del contramonumento o, de una manera oportunista, una consideración del patrimonio como proceso cultural «desde abajo» que disputa el discurso autorizado de las élites y los aparatos de gobierno.[50] Tales interpretaciones se alimentan del discurso liberal acerca del estalinismo como mecanismo de muerte social equiparado al nazismo y que tiene sus orígenes en el sistema esclavista.[51] La estética del memorial no sería, así pues, nada más que un reflejo pasivo de la pérdida de soberanía y la muerte del individuo practicada por el estalinismo. Precisamente aquí había identificado un liberal como Fukuyama el fracaso del comunismo.

Para otros autores, el valor del contramonumento reside en su capacidad para crear un espacio en

---

50 Laurajane Smith, *Uses of Heritage*, Londres, Routledge, 2006.

51 Achille Mbembe, *Necropolitics*, Durham, Duke University Press, 2019.

el que es posible establecer nexos e intereses que construyen ciudadanía democrática.[52] El proyecto de democracia deliberativa delineado por el filósofo Jürgen Habermas en el contexto de su examen de la esfera pública burguesa resuena aquí con fuerza. También el dialogismo de Mikhail Bakhtin ensalzado como proyecto democrático desde la academia estadounidense. En ambos se trata de enfatizar las prácticas discursivas, y ambos cancelan toda posibilidad de agencia material y, por tanto, de transformación radical de la esfera pública. Habermas había escrito que la presión de la calle nunca debería sustituir el consenso racional del «público».[53]

Sin embargo, con las transformaciones de la esfera pública burguesa y en la situación del capitalismo contemporáneo no todas las clases tienen el mismo derecho al espacio público ni lo ocupan de la misma manera, pese a la ficción que se despliega en los monumentos construidos «por suscripción pública» característicos de la burguesía cívica decimonónica. Una cosa es clara: el espacio público que hemos

---

52 Juan Ramón Barbancho, *Arte y posmemoria. El arte como preservación de la memoria tras el conflicto*, Madrid, Brumaria, 2020.

53 Warren Montag y Mike Hill, eds., *Masses, Classes, and the Public Sphere*, Londres, Verso, 2000.

heredado del urbanismo ilustrado es un espacio de exclusión más que de inclusión. Por lo que para que el espacio público pueda ser compartido y usado en su «cualidad dialógica» por todas las personas sin distinción, primero ha de ser expropiado a las clases que lo detentan y explotan; es decir, un cierto nivel de violencia o ejercicio de poder es necesario.

Con la orden ejecutiva del 26 de junio de 2020 de «Protección de monumentos, memoriales y estatuas estadounidenses y lucha contra la violencia delictiva reciente», el entonces presidente de los EE.UU., Donald Trump, responsabilizaba a anarquistas y extremistas de izquierda de la ola de violencia que siguió al asesinato de George Floyd en mayo de ese mismo año. Las protestas que reunieron a más de veinte millones de personas y fueron en su mayoría pacíficas, fueron calificadas por Trump como asalto al gobierno, a la autoridad y la propiedad, incluyendo la destrucción de «venerados monumentos estadounidenses» que fueron el objeto de las iras de los manifestantes.

La orden ejecutiva de 2020 fue la respuesta de la administración Trump a la «vandalización» de monumentos a militares y políticos confederados, traficantes y propietarios de personas esclavas, conquistadores españoles y otros, que se vivió durante ese año, y no sólo en los Estados Unidos. Trump insta a las autoridades federales a no tolerar que las masas violentas se conviertan en el árbitro de la historia, al mismo tiempo que reitera su intención de perseguir a los extremistas y pide la aplicación de leyes con penas de hasta diez años de prisión por el daño intencionado a la propiedad federal. Trump apremia a las instituciones del ejecutivo a proporcionar asistencia y personal para la protección de monumentos, memoriales, estatuas y otras propiedades federales. Las advertencias de Trump no cayeron en saco roto. Ese mismo año, en el Reino Unido, el ejecutivo se expresa en términos muy similares.

Pero la orden ejecutiva de Trump no sólo miraba por la propiedad. Trump advertía que el objetivo de los extremistas era destruir la historia y borrar del espacio público cualquier sugerencia de que el pasado común mereciese ser honrado, apreciado, o recordado. Ante la furia iconoclasta, Trump moviliza el pretexto del respeto a la historia. De ahí que en su arenga del 4 de julio Trump llame a proteger la más grande estructura que se ha levantado en la historia: la democracia americana. Pero en su arenga Trump reconocía algo fundamental: que el espacio público y su historia están en disputa, que el consenso que los monumentos aspiran a lograr en el espacio público, y que Trump llama a proteger con toda la fuerza del Estado y sus aparatos de represión, es hoy un escenario de lucha. De ahí el miedo a la movilización de las masas.

Por ello, y en su vuelta al poder como ganador de las elecciones presidenciales de 2024, Trump firmó una nueva orden ejecutiva (27 de marzo de 2025) con la misión de restaurar «verdad y cordura» en la historia americana. La orden otorga poderes a su vicepresidente, el fascista JD Vance, a impulsar la vasta institución cultural Smithsonian, creada en 1846, como institución educativa clave para la celebración de «valores americanos». Asimismo, la orden ejecutiva faculta al secretario del Interior a restaurar parques, monumentos, memoriales… y otras propiedades federales que hubieran sido retiradas o modificadas en un afán por revisitar la historia americana y que ha llevado a una falsificación de los hechos históricos que, ahora, Trump se encarga de salvaguardar. De este modo, se reafirma la propuesta original de la orden ejecutiva de 2020 para la construcción del National Garden of American Heroes. Mientras tanto, el 10 de marzo en la capital Washington D. C. las autoridades municipales comenzaban a desmantelar el mural Black Lives Matter después de que el representante republicano en el Congreso, Andrew Clyde, presentase una legislación que amenazaba con retener fondos federales si la alcaldesa de la capital no retiraba el mural y renombraba su ubicación como Liberty Plaza.

Henri Lefebvre destaca el papel que juega la lucha de clases en la producción del espacio y afirma que, inscrita en el mismo espacio, la lucha de clases impide que el espacio abstracto de la modernidad capitalista tome control por completo. De ahí la necesidad imperiosa que tiene la clase dominante de efectuar su ideología en espacios públicos como estatuas, monumentos, museos y parques, es decir, como teatro del poder. Los monumentos están ahí para familiarizarse con ellos e interiorizarlos como evidentes, en el sentido de que, frente al espacio abstracto privado del capital, de lo que aquí se trata es de un espacio común, libremente accesible. La esfera pública burguesa manufactura la apariencia de un contexto representativo que incluye a todo el mundo.[54] Pero la aparente comunalidad del espacio

---

54 Oskar Negt y Alexander Kluge, *Public Sphere and Experience. Toward an Analysis of the Bourgeois and Proletarian Public Sphere*, Minneapolis, University of Minnesota Press, 1993.

falsifica las relaciones sociales de producción dominantes que compartimentan las clases en el espacio. La pertenencia que se crea es un signo de exclusión. Por ejemplo, el reconstruido Palacio Real de Berlín reorganiza la experiencia urbana interpelando a las comunidades como parte consustancial de un espacio del que, sin embargo, son sistemáticamente expulsadas por el capital. La confluencia con los capitales inmobiliarios es innegable. En este lugar altamente teatralizado del centro histórico de la capital alemana, los intereses culturales y los inmobiliarios van de la mano. No podemos ignorar la segmentación de las clases que se implementa con la reconstrucción y el saneamiento de los centros urbanos. Subir los precios del suelo inmobiliario es la mejor manera de mantener alejadas a las alborotadas y alborotadoras clases populares que pueden violentar los monumentos fascistas o coloniales.

Partiendo de la premisa acerca de la difusión de consenso o, en otros términos, de ciudadanía, el objetivo último siempre ha sido prevenir que la esfera pública se convierta en una esfera política, esto es, en una esfera en disputa. Estaríamos hablando de un mundo y de una sociedad bien diferentes si las estatuas que pueblan nuestros espacios públicos fuesen estatuas en homenaje a Toussaint Louverture, Babeuf o a las cerilleras londinenses que iniciaron uno de los movimientos sindicales más significativos de finales del siglo diecinueve. Es sintomático el hecho de que en el extremo occidental de la iglesia de Bow, en el barrio londinense del mismo nombre, se alza una estatua dedicada al político liberal británico William E. Gladstone. Gladstone era hijo de un prominente esclavista y dueño de plantaciones en Jamaica y Guyana de origen escocés, Sir John Gladstone, quien, para más escarnio, recibió una cuantiosa indemnización de la Slave Compensation Act de 1837 por la pérdida de sus esclavos. Gladstone compensó semejante pérdida con importaciones de trabajadores indios en régimen de servidumbre. La estatua de William Gladstone se ubicaba cercana a la fábrica de cerillas Bryant & May, hoy desaparecida. Su propietario Theodore Bryant desveló en 1880 el encargo de una estatua en honor a Gladstone por haber renunciado a la propuesta de un impuesto al fósforo cuando era primer ministro. El mito popular dice que la estatua fue financiada deduciendo un chelín del salario de las cerilleras que trabajaban en la factoría en condiciones lamentables. Si el mito es cierto, o no, carece de importancia. De una forma u otra, el dinero que pagó la estatua provenía de la explotación de las cerilleras. En 1880, el mismo año en el que Bryant desvela el encargo de la estatua de Gladstone, las cerilleras iniciaron un importante movimiento sindical que inspiró el sindicalismo de clase feminista. No existe ningún memorial que las represente, pero haciendo honor al mito popular, la estatua de Gladstone amanece siempre con las manos manchadas de sangre.

En el espacio público, el teatro del poder, o el teatro de la ideología dominante, tal y como se representa en muchos de los monumentos y memoriales aquí analizados, es producto de la relación de fuerzas que constituye la coyuntura histórica; es decir, es producto de la lucha de clases. Decía Benjamin que la tapadera filantrópica de parques, fuentes, museos y monumentos no llega a esconder la lucha de clases que la burguesía emprende, sino que la afirma abiertamente, aunque la misma existencia del monumento y de otras instituciones del aparato ideológico del poder, como los museos, signifique la ocultación de este hecho. El mismo foro que el reconstruido Palacio Real de Berlín convertido en Humboldt Forum busca ser, en tanto que lugar en donde se hace realidad el consenso racional propuesto por Habermas como legitimación del ideal democrático burgués, y sirve de muro de contención frente a la ira de las masas. En su interior, las masas han de reconocer los esfuerzos que se llevan a cabo por esclarecer la historia, que sirven, además, de alegato contra la necesidad de efectuar la historia, otra historia, más allá de sus muros. Es en este contexto, en esta coyuntura del capitalismo, en la que debemos entender los actos iconoclastas más recientes. En este sentido, la iconoclasia no es más que la respuesta al momento actual de las contradicciones sociales. Conlleva un reconocimiento del monumento como producto de la coyuntura histórica y, de esta manera, supone actuar sobre ésta como si se tratase de algo puramente circunstancial, es decir, coyuntural, y, por tanto, transformable. Se alude al monumento por su posición prominente en el espacio social, aunque nunca es únicamente acerca del mismo. Tampoco se trata de cualquier monumento, sino de monumentos muy concretos que ocupan el espacio público de una manera decidida e ideológicamente dominante. Frente a la ideología de su inevitabilidad, la iconoclasia juzga el monumento desde una perspectiva histórica, mostrando que su familiaridad en el espacio público es un producto ideológico. Esta cuestión implica una práctica de politización de la esfera pública que va más allá de su simple resignificación.

La violencia que se ejerce contra los monumentos es muestra de la agencia política de clase que interrumpe de esta manera la falsa armonía que se le supone al espacio público burgués. Frente al peligro que representan las movilizaciones populares, la burguesía responde con un coqueteo continuo con el fascismo y la reacción. Estos suponen los medios más efectivos para crear un «estado de excepción» que ponga en suspenso la democracia en nombre de la democracia. Tampoco podemos obviar que la suspensión de los derechos básicos ha sido uno de los medios que el capitalismo siempre ha puesto en marcha para generar nuevos periodos de acumulación.

10. Guerra perpetua

Tal y como dramáticamente evocaba el escritor Max Sebald en *Luftkrieg und Literatur*, incluso entre las élites británicas hubo dudas acerca de la legalidad de los bombardeos de la Royal Air Force sobre territorio alemán. La destrucción dejó huellas, sin duda, y de las ruinas surgió el denominado milagro económico alemán que se erigió sobre el silencio de una población dócil acostumbrada a callar y que los bombardeos silenciaron aún más, si cabe, activando un mecanismo de autorrepresión que se vería recompensado con la expansión del marco alemán a los confines donde antes había llegado la Wehrmacht.[55] De esta manera consiguió Alemania ser readmitida en el proyecto civilizatorio occidental financiada por

[55] W.G. Sebald, *Luftkrieg und Literatur*, Múnich, Carl Hanser, 1999.

los mismos capitalistas que no mucho antes habían conspirado contra el judeo-bolchevismo. Pero no habrá Plan Marshall para Palestina. ¿Qué decir de la muerte social del pueblo palestino?

Frente al sueño de Kant de la paz perpetua alentada por estados soberanos en la forma de una federación internacional, la reanudación de las hostilidades ha sido una constante del capitalismo.[56] Pero su lógica está presente en Kant, quien reconoce en las guerras y las opresiones coloniales el surgimiento de una comunidad universal a partir de la cual nace la idea del derecho cosmopolita, del derecho a la hospitalidad universal, que es precondición para avanzar hacia la paz perpetua.[57] De ahí surge el derecho internacional y legislaciones que se encargan de proteger el patrimonio en peligro. Éstas significan un acuerdo tácito, un contrato según el cual cualquiera que lo transgreda es considerado culpable de un acto criminal.

Actos criminales contra el denominado Patrimonio de la Humanidad, como los cometidos por el go-

---

56 Domenico Losurdo, *War and Revolution. Rethinking the 20th Century*, Londres, Verso, 2015.

57 Immanuel Kant, *Sobre la paz perpetua*, Madrid, Tecnos, 1985.

bierno talibán o el Estado Islámico, son los que más eco tienen en Occidente. Se menciona el pillaje del patrimonio y el auge del mercado ilegal de antigüedades como importante fuente de ingresos; y, aunque no se niega la responsabilidad de los estados occidentales, como ocurrió durante el saqueo arqueológico de Irak en el momento de la invasión estadounidense en 2003, nunca se explicita de dónde viene la demanda, quienes facilitan los pagos, dónde se ubican las cuentas opacas de tales transacciones y a qué intereses benefician. No se hace referencia alguna al hecho de que el mercado de antigüedades se trata de un mercado dominado por las élites del norte global. Tampoco se indaga la relación que existe entre patrimonio cultural y comercialización de bienes culturales, una vez que la misma noción de patrimonio alimenta el régimen de valor en el que se mueven los bienes culturales. La comercialización de la cultura siempre se ha tenido como un índice de desarrollo,[58] ya desde los tiempos de la creación de las instituciones de Bretton Woods, el Banco Mundial y el Fondo Monetario Internacional, a las que podríamos añadir la UNESCO. Sin embargo, rige el silencio cuando se trata de la

---

58 Claudia, Pacheco Araoz, ¿Y ahora? Crítica al patrimonio cultural, Barcelona, PCP – Programa Cultura Política, 2023.

destrucción y del expolio deliberado del patrimonio cultural palestino, aunque contravenga todas las convenciones de La Haya desde 1899. La hipocresía occidental no tiene límites y su visión de futuro es una enorme *Riviera* que haga realidad el sueño libertario de paz mundial a golpe de capital.[59]

A los escenarios comunes de la guerra perpetua pertenecen los estados de excepción y expediciones punitivas como la que hoy se conduce en Palestina. Tales expediciones, lejos de ser una excepción, son la normalidad de los estados colonial-capitalistas desde hace dos siglos. Estas expediciones han llenado de objetos interesantes los bien equipados museos de etnografía, antropología y arte en Occidente. No se trata de escenarios secundarios: son la razón de ser de la paz perpetua que se conduce por eliminación o aniquilación. Dan Hicks no deja lugar a dudas acerca del carácter de una expedición como la que llevaron a cabo las tropas británicas en Benín en 1897.[60] Hicks muestra que la destrucción del Reino de Benín no fue un episodio menor en el contex-

59 Quinn Slobodian, *Crack-Up Capitalism. Market Radicals and the Dream of a World Without Democracy*, Londres, Penguin Books, 2023.

60 Dan Hicks, *The Brutish Museums. The Benin Bronzes, Colonial Violence and Cultural Restitution*, Londres, Pluto Press, 2021.

to del brutal colonialismo británico en África, sino el producto del extractivismo y el imperialismo competitivo de finales del siglo diecinueve. La conquista de Benín fue instrumental en la creación del protectorado de Nigeria en directa competencia con los intereses de la Alemania imperial. Años antes de la masacre, en 1892, Claude Maxwell McDonald, cónsul general del Protectorado de la Costa del Níger que daría lugar a la Nigeria del Sur con el cambio de siglo, se lamentaba de las costumbres «fetichistas» que restringían el comercio de importantes productos como resinas, marfil, aceite de palma, además de diversos minerales. El desarrollo del comercio frente a las prácticas «fetichistas» y el establecimiento del Estado de derecho eran considerados cruciales para la construcción de la paz imperial, tanto así que nadie tenía la menor duda de que se debían imponer por la fuerza si era necesario. Hicks describe las tácticas militares de los británicos que buscaban maximizar los daños con el mínimo de pérdidas, y que quedaron inmortalizadas en publicaciones militares de la época como *Small Wars* [Pequeñas guerras] o *Bush Warfare* [Guerra de guerrillas].

Tras la tarea primordial de la operación colonial corporativo-militarista, la destrucción y dispersión del patrimonio cultural cumplía con la función de quebrar el *yuyu* de los subyugados, esto es, de subdesarrollarlos y desapropiarlos no sólo materialmente sino espiritualmente también. El general von Trotha, al mando de las tropas alemanas y responsable del genocidio de la población herero en Namibia, fue más allá: la nación debe ser destruida pues no puede usarse ni como materia prima. Los hoy famosos *bronces de Benín* fueron el principal botín de esta guerra colonial cuya confiscación se sigue considerando, cínicamente, como el lamentable resultado de una represalia excesiva. Tal confiscación apenas habría tenido como objetivo pagar los gastos de la expedición. Cuando en 1884 las tropas alemanas bombardean la ciudad costera de Douala en Camerún, Max Buchner, en aquel momento cónsul adjunto del Imperio, recuerda que le prendieron fuego a todo, no sin antes echar un vistazo: «Pedí que me dejaran inspeccionar las casas en busca de curiosidades etnográficas. Mi principal botín es una gran talla, la joya de la barcaza [*tangué*] de Lock Priso que me llevo a Múnich». Los ejemplos se multiplican. Que se diga que el expolio ha servido para transformar radicalmente la imagen que de África se tenía en Europa no es más que una burda coartada. Estos espacios neocoloniales se levantan sobre un Estado de derecho cuya ley es la guerra perpetua.

La iconoclasia desde abajo, la iconoclasia de las clases populares y subalternas, la iconoclasia revolucionaria apenas supone golpes de machete frente a sus armas de destrucción masiva. Aunque sea de forma espontánea, su violencia decididamente política significa reconocer la artificialidad de estos aparatos ideológicos del poder como son los monumentos en el espacio público diseñado al antojo de las clases dominantes. De ahí que, frente a las movilizaciones de clase, feministas y contra el capitalismo racial que la toman con los monumentos que ensalzan a los patrones de la guerra perpetua, las clases dominantes sólo tengan una respuesta: la reanudación de las hostilidades, esto es, el fascismo que conduce al estado de excepción.

11. (Anti) Monumentos

Recientemente, diversos grupos activistas han abanderado el reclamo del relato, del pasado y del espacio público en México. Acciones que han tomado forma erigiendo una serie de lo que se han denominado «antimonumentos», lo que Everardo Perez Manjarrez considera una alternativa desde el sur a la idea del contramonumento, teorizada y defendida por James E. Young. Una de las formas más conocidas al respecto fue la instalación del número 43, en referencia a los estudiantes normalistas secuestrados y asesinados en Guerrero en 2014. La estructura se colocó frente al Tribunal Superior de Justicia mexicano, al año siguiente, de manera autogestionada por los manifestantes que reclamaban justicia frente a unos asesinatos asociados al crimen organizado con complicidad del ejército y del Estado mexicano. Si bien la atención de los medios hegemónicos se ha centrado en la figura de los 43 de Ayotzinapa como víctimas, no hay que dejar de lado que el brutal asesinato fue cometido por su agencia política. El año anterior al secuestro y asesinato, el gobierno de Enrique Peña Nieto había puesto en marcha un proyecto de ley con el cual pretendía reformar la educación pública mexicana, con consecuencias discriminatorias para estudiantes y maestros de regiones empobrecidas. Sindicatos como la Coordinadora Nacional de Trabajadores de la Educación (CNTE) organizaron protestas y huelgas, frente a las que la reacción política y empresarial pidió acciones represivas, y sería en el marco de las múltiples protestas organizadas contra la estrategia del gobierno que fueron asesinados los normalistas. Son luchas estructurales que se materializan en la forma de monumentos, como aconteció en 2021 cuando sobre el pedestal vacío por la restauración del monumento a Cristóbal Colón en la glorieta del Paseo de la Reforma, también en Ciudad de México, un grupo feminista colocó una escultura de una mujer morada levantando el puño. Originalmente se denominó a la estructura como «Antimonumenta Vivas Nos Queremos», haciendo referencia ese

Glorieta de las mujeres que luchan. Fotografía de Wendy Avilés R, 2022.
Creative Commons Attribution 4.0 International license.

25 de septiembre a los feminicidios que por miles representan otra parte fundamental de la violencia estructural que sufre México. La acción de ruptura con el referente colonial masculino y la puesta en el centro de la mujer puño en alto han servido para que, popularmente, el espacio haya pasado a llamarse Glorieta de las mujeres que luchan.

Como sugiere Everardo Perez Manjarrez, en estas acciones se retoma la ruptura con el relato oficial sobre el llamado «descubrimiento de América» que ya tuvo un antecedente fundamental en 1992, cuando la estatua del conquistador Diego de Mazariegos erigida en San Cristóbal de las Casas (Chiapas) fue derribada por una multitud indígena campesina. Por tanto, la genealogía de resistencia en México nada tiene que ver con las teorías de Young y, en este sentido, queremos remarcar que, pese a que la retórica ha llevado a que su denominación como antimonumentos se haya popularizado, estas iniciativas no hacen sino uso de formas eminentemente monumentales, sólo que al servicio de una lucha antiestatal, anticapitalista, antipatriarcal, antirracista y anticolonial. En este contexto, hablamos de un anti en el monumento que no juega en contra de la forma del monumento convencional para renovarla, como en la propuesta de Young, sino que juega en contra de la hegemonía en el espacio público. En ningún caso son promovidos por el Estado para renovar el espíritu nacional y revivir así la forma del monumento, como los de Young. Son instrumentos que se están desplegando como parte de una práctica política que, si bien apela al recuerdo, poco tiene que ver con el concepto liberal y agonista de víctima, sino mucho más con una idea de lucha abierta y permanente. Además, mientras que Young reserva este tipo de formas y las asocia religiosamente a la singularidad judía, en las que hoy vemos en México no hay singularidad pretendidamente étnica ni nacional. Por el contrario, este tipo de prácticas se han desplegado en otros momentos, con otras formas, pero siempre jugando con esa ocupación, desde la ilegalidad, del espacio público para poner en cuestión el relato dominante desde una práctica política mucho más amplia y que no se congratula con la simple presencia en el espacio, sino que hace uso de él.

Antes del estallido social de las protestas en Chile desde 2019, y del interés por los monumentos, Isidora Urrutia Steinert ya había documentado cómo el paisaje de la Ruta 5 chilena, que es como se conoce en el país a la sección de la autopista panamericana, es un espacio en el que monumentos estatales y aquellos que juegan a la contra de la narrativa del Estado se confrontan.[61] Si bien en el contexto del llamado estallido social un grupo de manifestantes derribó la estatua del conquistador Francisco de Aguirre a un costado de la autopista en la ciudad de La Serena, días después, el colectivo de arte y educación «Casa La Nuez» erigió en su lugar la figura de Milanka, una mujer diaguita. Esta fue la primera de numerosas intervenciones relacionadas con monumentos públicos en todo Chile. Urrutia sugiere ver la Ruta 5 como un pasillo en el que placas, estatuas, bustos, esculturas, murales y otras intervenciones aparecen como materializaciones de memorias impugnadas, en las que la memoria del Estado y de la nación entra en conflicto con la de los colectivos que resisten frente a su imposición. En este sentido, Urrutia observa cómo, por una parte, se encuentran las memorias reconocidas por el Consejo de Monumentos Nacionales, protegiendo los monumentos que forman parte de una práctica discursiva que dota a algunos sitios materiales —y no a otros— de la fuerza unificadora, homogeneizadora y triunfalis-

61 Isidora Urrutia Steinert, «"Obras que unen Chilenos": contested ima-
    ginaries of national integration on Chile's Route 5», Tesis doctoral,
    Bristol, Univesity of Bristol, 2021.

ta de las narrativas nacionales, en un gesto colonial interno que representa un proyecto modernizador de identidad nacional liderado por las élites de las regiones centrales del país; monumentos que transmiten la idea de que Chile es una nación unificada y que la chilenidad es el producto de una mezcla de indigenismo arcaico y europeidad moderna en la que no hay conflicto alguno. Por otra parte, se han producido históricamente no sólo acciones iconoclastas contra este tipo de memoriales de Estado, sino también intervenciones no oficiales que exhiben el conflicto y la diversidad en términos de raza, género y clase frente a la narración monolítica del Estado. Monumentos autogestionados y murales, en ocasiones clandestinos, que visibilizan memorias de poblaciones indígenas contemporáneas, mujeres, afrochilenos, conflictos racializados y de clase, levantamientos sociales y otras luchas actuales. Acciones que están cuestionando los discursos inscritos en el patrimonio nacional y el arte público sobre los «derechos a la ciudad» y que reivindican los derechos a la memoria pública, pero que también, sugiere Urrutia, pueden ser interpretadas en términos de epistemologías alternativas a la moderno-occidental, utilizando el concepto aymara de *ch'ixi*.

Sin embargo, lo que aquí también vemos es la interpelación ideológica entre los monumentos institucionales y los no institucionales, entre los cuales lo que existe es un antagonismo político. Y esto es algo que el fotógrafo Dimitris Kechris ha documentado en Grecia.[62] En su trabajo, Kechris reflexiona sobre los espacios públicos en Atenas en los que de manera dispersa pueden localizarse monumentos que, si bien son poco llamativos desde el punto de vista estético para los estudiosos, ofrecen una historia alternativa. Monumentos a veces tan sencillos como placas, que hablan de acontecimientos que superan la capacidad de acomodación de los discursos ideológicos dominantes y que han sido ignorados y suprimidos constantemente por la historia oficial. Acontecimientos que partidos socialistas y comunistas, así como colectivos de base, recuperan con la idea de cristalizar la conciencia histórica y conectar la memoria del pasado con las luchas actuales.

El trabajo de Kechris urge atender a monumentos como el que recuerda la Batalla de Atenas. En 2009, el Partido Comunista de Grecia, o KKE, colocó en

---

62 Dimitris Kechris, «Institutional and Non-Institutional Monuments as Reflections of Political Antagonisms in Athens», en Daniel Palacios González y José María Durán Medraño, *Redefining Monuments*, Londres, Palgrave, 2025.

las inmediaciones del que fue un asentamiento de refugiados una placa que decía «Honor y gloria a los heroicos combatientes del KKE y del EAM-ELAS (Ejército Popular de Liberación Nacional) que, en diciembre de 1944, lucharon contra la clase burguesa y el imperialismo inglés»; enlazando la acción antifascista con la antiimperialista que los luchadores griegos tuvieron que enfrentar combatiendo, en primer lugar, al ejército de ocupación alemán, y posteriormente al británico en su lucha por la hegemonía en la región y contra el comunismo. O también la placa a Sotiris Petroulas con su rostro elaborado en bronce, un artefacto de pequeña escala que contrasta en el centro urbano con los monumentos de Estado. Una placa que conmemora el asesinato de este estudiante que murió luchando contra la policía en el marco de las protestas que se sucedieron tras la crisis política derivada de la destitución en 1965 del Primer Ministro George Papandreou, de la Unión de Centro, con la intervención anticonstitucional del Rey de Grecia, Constantino Glixburg, en un tira y afloja entre gobierno, ejercito y burguesía, donde cada uno tenía un proyecto diferente para explotar el país. Por una parte estaban los defensores de una economía de privilegios medievales, y por otra los partidarios del liberalismo

Placa de Sotiris Petroulas. Fotografía de Dimitris Kechris, 2022.

económico capitalista. Ante la decisión del monarca y la formación de un gobierno afín a sus intereses con implicación de la CIA, se desplegaron protestas y la militancia se organizó y fue reprimida. De esta manera este pequeño monumento, argumenta Kechris, reivindica el pasado con la perspectiva de reactivarlo como matriz original de la confrontación de clase y antiimperialista, disuelta hoy en día en el relato de la lucha por la democracia liberal y el constitucionalismo.

Europa occidental está llena de esas derrotas y de esa despolitización. Pero también de artefactos como los que en Grecia, Chile o México ponen en conflicto la narrativa hegemónica. Y esto es algo que también ha ocurrido en relación con los centenares de fosas comunes que la guerra y la dictadura de Francisco Franco dejaron por todo el territorio del Estado español en los años treinta y cuarenta. En el contexto en el que en los años treinta la reforma liberal de la República española tenía que entrar en negociación con los deseos de terratenientes, burguesía e iglesia y, al mismo tiempo, con las aspiraciones revolucionarias de amplios sectores sindicales y de las organizaciones políticas obreras, se produjo una violencia de raíz colonial por la que el ejército de ocupación en África volvió a la península: primero en 1934 y de nuevo en 1936, derivando en una guerra antifascista por la supervivencia de un proyecto de emancipación frente a las fuerzas de la reacción que, como en otros contextos a los que nos hemos referido, contaron con el apoyo de la Alemania y la Italia fascistas y corporativas, así como del imperialismo británico y las corporaciones transnacionales estadounidenses. De la derrota de la guerra popular antifascista quedaron las fosas comunes, las cuales en las últimas dos décadas la socialdemocracia y los medios de comunicación liberales han despolitizado constantemente tratándolas de convertir en lugares de víctimas, de pasivos mártires de los valores de la democracia y el constitucionalismo. No obstante, esa es una apropiación estatal de la historia en su propio beneficio y de unas prácticas de recuperación de las fosas comunes que datan de mucho antes de la llegada heroica de forenses y subvenciones desde el Ministerio de la Presidencia. Tras la guerra, hubo mujeres, vecinas, que comenzaron a acudir a las fosas comunes. En los gestos más modestos se colocaron piedras, se señalizaron árboles, quizás se dejó de labrar el campo en el que los cuerpos estaban enterrados. Pero en los más desafiantes las mujeres acudían a llevar flores, a realizar duelos públicos a pesar de la represión del régimen a través del ejército y de las organizaciones fascistas. Pese al acoso del ejército, las mujeres que tenían hijos, hermanos, padres o parejas enterradas en el paraje de La Barranca seguían rindiendo homenaje. Militantes y familiares como los de Guadalajara u Ocaña pasaban las flores clandestinamente sobre las tapias y las dejaban sobre los lugares de enterramiento. Sindicalistas como los de Dos Hermanas se organizaban en una suerte de duelo de guerrilla por el cual dejaban sus ofrendas sobre las fosas. Así

Las «Mujeres de negro» junto a las fosas de La Barranca. Fecha desconocida. Fotografía de La Barranca. Asociación para la Preservación de la Memoria Histórica en La Rioja.

se fueron sentando las bases para que, o bien con gestos públicos o bien con otros más íntimos, los lugares no se perdieran y durante los años setenta y ochenta centenares de aquellas fosas comunes se convirtieran en monumentos. Artefactos de todo tipo, desde placas a monolitos, desde esculturas a jardines. Monumentos en su gran mayoría producto de la autoorganización popular, del contacto informal entre familias y militantes, de la organización entre sindicatos, partidos y la positividad o complicidad de ciertas administraciones locales.[63] Monumentos autofinanciados y construidos por artesanos en una época en la que los fondos ministeriales de cultura iban destinados a poner el nombre España en el mercado del arte global, cuyos artistas poco o ningún interés tenían ni en los monumentos ni en las contradicciones que derivaron en la violencia de décadas atrás.

Al igual que Everardo Perez Manjarrez considera con relación a los antimonumentos en México, Yayo Aznar también ha visto en estas prácticas monumentales sobre fosas comunes una alternativa práctica a la teorización de James E. Young, mucho más interesantes que los memoriales construidos por el Estado, a los que atribuye como fin no el recuerdo sino que pareciera que, por el contrario, desean sepultar en piedra a los asesinados y condenarlos al olvido, limpiando así la conciencia de los perpetradores.[64] Aquí ocurriría lo contrario. Por ello, estos monumentos construidos sobre las fosas comunes,

---

63 Daniel Palacios González, *De fosas comunes a lugares de memoria*, Madrid, CEPC, 2022.

64 Everardo Perez Manjarrez, «Antimonumentos: nuevas prácticas en la disputa por la memoria», Huarte de San Juan. Geografía e Historia. p. 32, 2025.

como también otros enunciados con anterioridad en Chile o Grecia, pueden verse como montajes. Montajes donde se pone de manifiesto una conciencia dialéctica de la realidad histórica por la cual el pasado emerge para situar el presente en una condición crítica.

Estos monumentos hacen resonar en el presente precisamente lo que el Estado y sus aparatos han intentado erradicar: su historia, que no es la de las «víctimas» sino la de la lucha contra el fascismo, el colonialismo, el patriarcado, el imperialismo y el racismo, la de la lucha con horizontes emancipadores de las clases populares. Así, estos monumentos se convierten en «formas de existencia social» e invierten la idea misma de memoria que no pretenden encarnar o materializar. Al contrario de los memoriales de Estado que ocultan las relaciones de producción, estos monumentos, estos pequeños pero generosos montajes, las hacen explícitas. Tampoco se conforman con la superficialidad engañosa y efectista del contramonumento. Por el contrario, lo que vemos en estos monumentos es que no tratan de «representar» la memoria histórica. Construyen imágenes por las cuales se expone la compleja estructura de relaciones que constituyen

la realidad histórica. Significan algo más que memoria e instigan a un reconocimiento crítico de la
realidad social. Las comunidades y colectivos que
han erigido estos monumentos lo han hecho precisamente para dirigir el relato histórico, situando
el pasado en el presente. Y este componente tiene
mucho de interrupción, que es una de las claves de
la dramaturgia de Bertolt Brecht: la interrupción de
los relatos hegemónicos acerca de la historia y el
recuerdo. Con la interrupción que se produce en
estos monumentos se está eliminando la fácil iden-
tificación entre público y víctima que hemos tema-
tizado. Así, estos monumentos repudian la narrativa de los grandes hombres del imperialismo y el
fascismo y, muy al contrario, se constituyen como
espacios sociales que transforman al sujeto en sujeto político.[65]

En consecuencia, centrarse en el aspecto formal
sería desconocer la razón de ser del monumento y
desatender que se trata de instrumentos políticos
empleados para resistir a la guerra, al fascismo, al

---

65 Esta tesis se desarrolla en José María Durán Medraño, «Què fan les
persones quan alcen monuments sobre fosses comunes» en Rafael
Tormo Cuenca, IP30. *Memòria de la desaparició, habitar l'oblit*, Valencia, Ajuntament de Valéncia, 2023.

racismo, al sexismo y tantas otras formas de opresión y represión.

Lo idóneo sería no referirnos al monumento como una práctica o expresión política, sino hacerlo a la práctica política que se despliega en esta forma que es el monumento en tanto que dispositivo estratégico, como un artefacto disponible. Por lo tanto, lo importante no es tanto el objeto monumental, sino lo que ocurre con las personas y las comunidades implicadas en la construcción de los mismos a contrapelo de la hegemonía, así como la interacción social y las formas de interpelación que se ponen en marcha. Por eso, pese a las disputas en torno a ellos en los últimos años en los que la política de la memoria sigue considerándose en gran medida simbólica, los monumentos importan y su presencia o ausencia tienen consecuencias reales a nivel material. Algo que se vuelve explícito en la investigación de Naomi Hossain sobre las consecuencias de la catástrofe en 2013 en Daca, Bangladés, cuando el edificio Rana Plaza de ocho pisos que contenía varias fábricas de ropa colapsó producto de fallos estructurales debidos a una construcción ilegal y la sobrecarga de la maquinaria para la que el edificio no estaba diseñado. Esto resultó en la muerte de más de mil personas trabajadoras que fueron forzadas a ir a trabajar pese a que ya el día anterior se observaban grietas en la estructura. Para las personas supervivientes, la falta de un monumento habla del esfuerzo por parte del Estado y los empresarios por olvidar la catástrofe, una política del olvido que ha ido de la mano de la impunidad, de la falta de indemnizaciones y protección a las personas trabajadoras. De hecho, hoy, a pesar de la atención mediática que la catástrofe recibió en su momento, el único recuerdo de los horrores de Rana Plaza es un monumento en el que dos puños alzan una hoz y un martillo en las ruinas, convertidas en un vertedero en el que aún quedan cadáveres sin recuperar.[66] Un monumento autogestionado que no permite el olvido para una comunidad que tras los sucesos realizó campañas, sin éxito, para que el lugar se convirtiese en una clínica o centro comunitario con el cual aportar a la comunidad el consuelo y apoyo material que requieren.

Por tanto, la necesidad del monumento para seguir movilizando habla de que aún tienen funcionalidad,

66 Naomi Hossain, «Forgetting Rana Plaza» en *From Poverty to Power*, 24 de abril de 2024, accesible en: https://frompoverty.oxfam.org.uk/forgetting-rana-plaza/ https://frompoverty.oxfam.org.uk/forgetting-rana-plaza/.

y que cuando las elites se empeñan en convencernos de que los monumentos no importan, que están obsoletos, que son anacrónicos y totalitarios, no debemos sino sospechar que hablan desde su privilegio de raza, género y clase, o desde intereses extractivistas, imperialistas y de explotación. Especialmente, porque si no tuvieran funcionalidad alguna y fuesen formas obsoletas, no habría una voluntad tan consciente de cancelarlos, relegarlos cuando se trata de monumentos producidos en el marco de los movimientos sociales, o de derribarlos en el marco de las agresiones imperialistas y las contra revoluciones conservadoras.

Esta es la situación que han vivido recurrentemente los monumentos citados, y como la viven también otros con similar origen y potencial revolucionario como el Monumento del Movimiento de los Trabajadores Rurales Sin Tierra en Campo Largo, en Brasil, o el Monumento a la Resistencia en Cali, en Colombia. En contextos en los que fuerzas progresistas se hacen con los gobiernos locales, se generan situaciones de consentimiento, legalización e incluso protección de monumentos que se convierten en patrimonio histórico o monumental reconocido oficialmente por el Estado y sus aparatos. Si bien en ocasiones este tipo de situaciones se celebran, a menudo las luchas para las que estos monumentos sirven no se han resuelto. En este sentido, urge recordar que estos monumentos pese a ser subversivos también pueden cambiar de significado en base a los intereses de las clases dominantes. Cuando en nombre de la historia, su conservación o su pretendida universalidad, el monumento es cancelado en su papel de signo de las luchas sociales, su potencial revolucionario, su multiacentualidad social se puede perder. Como escribía el lingüista soviético Voloshinov, «la memoria histórica de la humanidad está repleta de signos ideológicos muertos incapaces de ser arena de confrontación de acentos sociales vivientes».[67] Si estas formas que los movimientos despliegan hoy con forma de monumentos, como parte de sus prácticas políticas, van a mantener su potencial o si serán anuladas patrimonializándose y volviendo lingüístico y no estructural el éxito de sus luchas, será algo que no puede determinarse como parte de juegos retóricos en la teoría. Esto es algo que sólo el resultado de esas luchas en la dialéctica de la historia mostrará en las calles.

---

67 Valentín Nikoláievich Volóshinov, *El marxismo y la filosofía del lenguaje*, Buenos Aires, Godot, 2009, p. 47.

Gustavo Petro junto a participantes en una marcha frente al Monumento a la Resistencia en Cali. Fotografía oficial de la Presidencia de Colombia, 2024. Dominio público.

12. Conclusión: la iconoclasia que vendrá

Daniela Ortiz ha elaborado una Plegaria Anticolonial a Fernandito Tupac Amaru, descendiente de los líderes de la insurrección anticolonial de 1780 en el Virreinato del Perú, Micaela Bastidas y Tupac Amaru II. Tras el fracaso de la revolución, Fernandito Tupac Amaru fue secuestrado y encerrado en diferentes lugares hasta que murió cautivo en las Escuelas Pías de San Fernando situadas en el barrio de Lavapiés, en Madrid. Ortiz le invoca pidiendo que su espíritu anticolonial «nos de fuerza para tumbar el monumento a Cristobal Colón y usarlo de ariete para tumbar la puerta del Centro de Internamiento de Extranjeros de Aluche liberar a los compañeros internos y con ellos iniciar el incendio y derrocamiento del racismo institucional». Una propuesta que abre un horizon-te en el que el monumento es resignificado de una manera que, probablemente, poco agrade a los ex-pertos que asesoran y teorizan para la conservación de monumentos fascistas y coloniales. Sin embargo, demuestra que los monumentos coloniales, como también los fascistas, pueden sufrir resignificaciones que los pongan al servicio de los movimientos socia-les y no al de las élites que buscan conservarlos por uno u otro interés. Así ocurrió en 1936. Las Escuelas Pías de San Fernando, donde fue encarcelado y ha-lló su muerte Fernandito Tupac Amaru, fue el lugar desde el que, en apoyo al golpe de Estado fascista, se comenzó a disparar al pueblo en resistencia. El barrio organizado frente al fascismo respondió asal-tando el edificio que saqueó e incendió. Décadas después, en la iconoclasia que Ortiz nos propone, lo que se da es el reconocimiento del papel de los monumentos a la hora de garantizar la sujeción a la ideología dominante, que invierte al hacer uso del mismo como ariete; y si bien la iconoclasia no va a asegurar el fin de la ideología dominante, como no se logró en 1936, significa el reconocimiento de la existencia material de la misma en los monumentos. Por tanto, en la acción iconoclasta lo que se hace es tirar abajo la estructura material de la ideología.

La iconoclasia desafía la cosificación de la historia inscrita en el monumento y efectúa una interrupción en la estructura dominante de relaciones.

Es precisamente por ello que las élites intelectuales presentan sus argumentos para restar importancia o, directamente, desacreditar la iconoclasia revolucionaria y la autorrepresentación monumental popular que supone erigir una nueva ideología sobre los vestigios de la vieja. Se enuncia el valor de los monumentos como patrimonio universal de la humanidad, una teoría heredada de la Ilustración, que implica que la iconoclasia es ejecutada por la plebe inculta, la cual nunca será capaz de producir auténticos monumentos aun si lograra los medios para ello. Sin embargo, la producción no solamente de dispositivos para las luchas sino también de imaginarios con los que construir el futuro es fundamental, sobre todo si estos comienzan como imaginarios especulativos acerca del fin del capitalismo. Si estas construcciones nos unen en la lucha final, significará que vendrán otros monumentos radicalmente diferentes y no apenas formalmente diferentes, tal y como ocurre con el contramonumento. Así lo imaginaron los comuneros de París que, tras el derribo de la columna de Vendôme, símbolo del imperialismo colonial francés en el espacio público, llamaron al pueblo a poner fin a la guerra franco-prusiana y, en un ejercicio de fraternidad internacional, a la fundición de los cañones para la construcción de un nuevo monumento revolucionario coronado por el gorro frigio, símbolo de la libertad. Siguiendo esta línea, merece la pena cerrar con varias especulaciones artísticas acerca de la iconoclasia y los monumentos que vendrán.

A este juego nos invita Alicja Rogalska con su proyecto *Monumento a las víctimas del capitalismo*. Se trata de un proyecto participativo e itinerante por el cual la artista invita al público a proponer sus propios diseños y recabar fondos para el mismo. El proyecto se presentó por primera vez en 2016 en Antofagasta (Chile) un lugar idóneo en tanto que fue el país en el que se produjo, tras el golpe militar de 1973, el primer laboratorio neoliberal. Después se presentó en Varsovia en 2019, país en el que el desmantelamiento del socialismo llevó a la implementación del programa neoliberal con sus violentas consecuencias que han conducido al auge de la extrema derecha. En estos lugares, desde la precariedad de una mesa, con una urna para las donaciones y unas libretas para que el público ofrezca sus bocetos, genera un dispositivo disruptivo. Con la participación popular se recopilan dibujos, descripciones y representaciones arquitectónicas de cara a un futuro anticipado: el final del actual régimen económico y político, abriendo la puerta a la perspectiva de un futuro poscapitalista, en lugar de construir un monumento para limpiar conciencias.

Este carácter especulativo también se encuentra en el trabajo de María Gomar Vidal. Con su proyecto *Cuelgamuros* la artista interviene las representaciones del paisaje en el que se ubica el Valle de los Caídos, el monumento fascista más grande de Europa, ubicado en la sierra de Guadarrama. Gomar hace desaparecer la gigantesca cruz que corona el complejo y la basílica que la sostiene, y que hoy sigue siendo conservada por el gobierno de España. El nuevo paisaje que configura la ausencia del fascismo es el de la naturaleza de la montaña. Y a partir de ese nuevo paisaje Gomar construye su tienda de recuerdos futuros: postales, gorras, pegatinas, camisetas, *tote bags*, en las que sólo vemos la sierra de Guadarrama. No hay resignificación del fascismo, sino que el fascismo es eliminado por completo de la ecuación. No hay otra alternativa posible.

Cuelgamuros. María Amparo Gomar Vidal, 2024.

Finalmente, resultan sugerentes también las pro-
puestas de Daniela Ortiz, quien elabora prototipos
en cerámica de monumentos anticoloniales con
los que sustituir los de Cristóbal Colón en Los Án-
geles, Lima, Madrid, Barcelona y Nueva York. Sus
resignificaciones no son las del gusto de las élites
progresistas. Vemos la estatua decapitada o completamente eliminada. De las nuevas estructuras
emanan consignas populares y revolucionarias, re-
conociendo las tradiciones de lucha y señalando a
los criminales: «Viva Palestina Libre», «Es usted un

burro Mr Danger», «Keep white feminism afuera de mi utero», «Go to sterilise your racista system», «11 Latin Women File Suit on Sterilization», «Sudakas against white supremacy», «Mujeres esterilizadas durante dictadura de Fujimori protestan». Las efigies de Hugo Chávez y Thomas Sankara. Mujeres racializadas en lucha en poses heroicas y señalamiento a ACNUR, INDRA, FRONTEX, las empresas e instituciones a través de las cuales se explota y reproduce el capitalismo racial contemporáneo, del cual la estatua de Colón marca el hito fundacional. Que estos prototipos aún no hayan sido realizados sólo significa que la coyuntura política para su ejecución aún no se ha alcanzado.

Estas especulaciones de lo que nos hablan es del papel de la lucha de clases, de las luchas feministas, antirracistas y anticoloniales en la producción del espacio. En sus luchas todas impiden que el espacio propio de la modernidad capitalista se haga con el control total. De ahí la necesidad imperiosa para la clase dominante de reproducir su ideología en el espacio público como categoría universal, como consenso democrático, a través de monumentos y prácticas supuestamente alternativas como los contramonumentos. El objetivo último siempre ha sido evitar que la esfera pública se convierta en una esfera política, en una esfera en disputa. Por ello, debemos reconocer que, en la esfera pública, el teatro del poder o el teatro de la ideología dominante es en sí mismo un producto de la lucha de clases: anticolonial, antipatriarcal y antifascista, aunque los aparatos ideológicos del poder incrustados en monumentos, museos y universidades hegemónicas con todos sus programas de investigación impliquen la ocultación de este hecho. Es en este contexto, en esta coyuntura del capitalismo, donde debemos entender los actos políticos iconoclastas así como aquellos en los que surge la necesidad de erigir monumentos subversivos y revolucionarios, como la *Missile Square* construida popularmente con restos de misil en la Palestina ocupada. La iconoclasia política revolucionaria y la autorrepresentación monumental popular son respuesta al momento actual de las contradicciones sociales en toda su potencia dialéctica, a la vez que suponen un conocimiento —o reconocimiento— práctico de estas contradicciones. A la contra de las teorías que elevan el monumento a categoría universal e inevitable, hay que remarcar, finalmente, que todo monumento es circunstancial y evitable.

El monumento es siempre producto de la coyuntura, y lo que hace la iconoclasia política y popular en el contexto del capitalismo es volver tangible la realidad material de la ideología que, de otro modo, se acepta como obvia en el monumento y se naturaliza. Aunque la ideología burguesa del patrimonio trabaja para refutar este hecho movilizando a sus expertos, desesperados ante la posibilidad de que se rompa el hechizo.